考える バスケットボール！
超自主練66

考えるバスケットの会 会長 **中川直之**

JN092489

エクシア出版

はじめに

「バスケットが上手くなりたい！」
そんなあなたのために本書を作りました。

私は日本全国どこにでも〝会いに行くコーチ〟として、さまざまなプレイヤーの問題に触れてきました。けれども身体は1つしかありません。どうやったらたくさんのプレイヤーたちの悩みやつまづきを、できるだけ早く解決してあげられるのだろう？
そんな想いから生まれたのが動画教材やYouTube、そして本書です。

本書は、「超自主練66」というタイトルのように実戦を想定したドリブル・パス・シュートすべての要素を、自主練でカバーできるよう構成しました。

基礎から応用、かなりハードなドリルから、試合に活きる実戦スキルまで、練習の大切なポイントを、文字と写真、動画を行ききして学びが強化されるように構成しています。

はじめは、難しく感じるメニューもあるかもしれませんが、「できる」「できない」は気にしなくて大丈夫です。

何度も反復して練習することで必ずできるようになります。

ぜひ根気強く練習に取り組まれてみてください。

「この練習で上手く強くなれている！」

そう実感しながら、上達を加速させていきましょう。

中川直之

PART 1 体の使い方・体幹・フットワークの強化

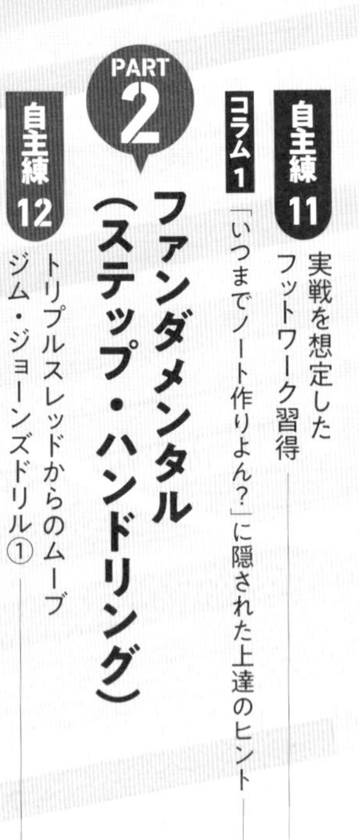

PART 2 ファンダメンタル（ステップ・ハンドリング）

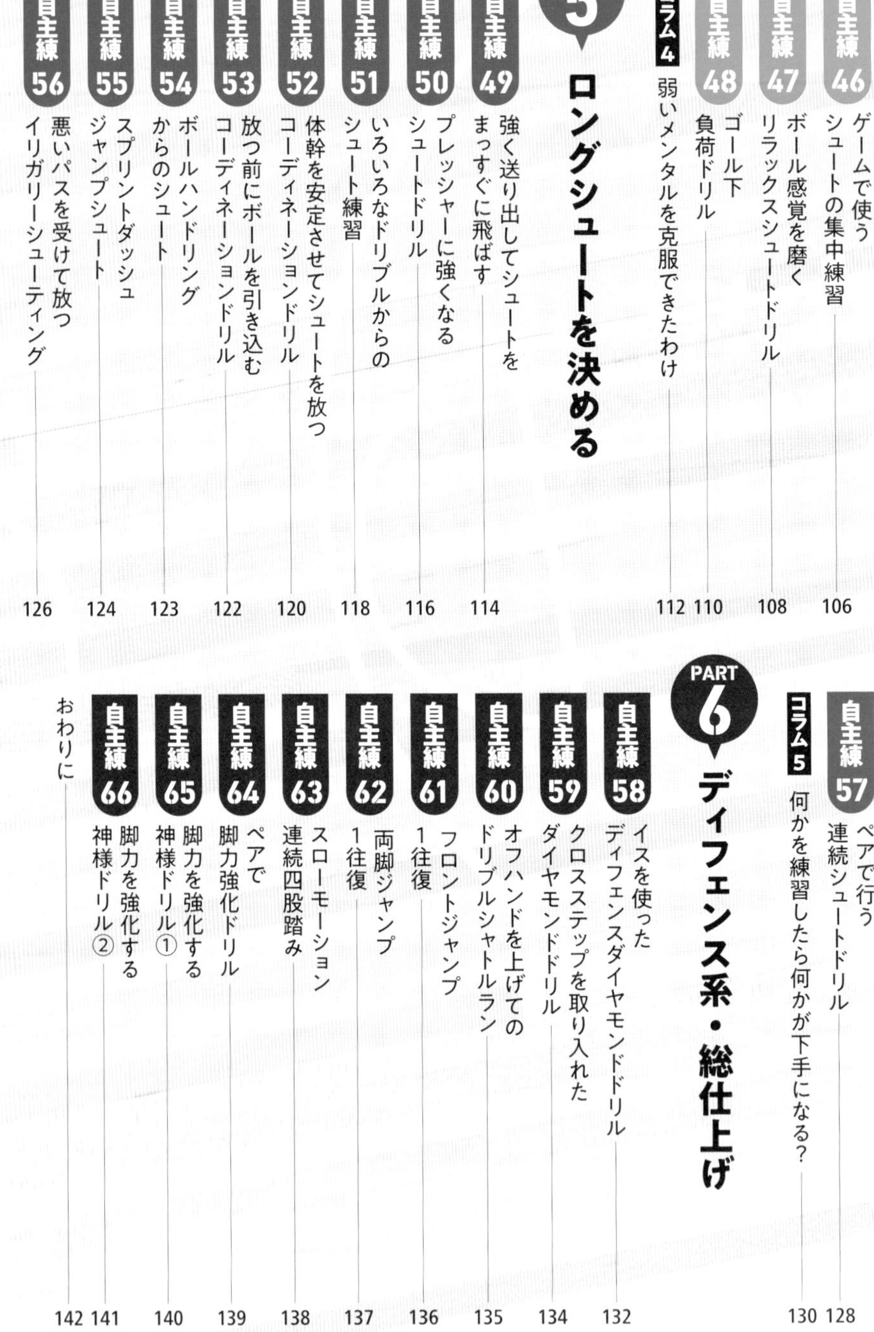

INTRODUCTION1

本書の見方／使い方

実際の動き方を写真と文字で紹介しています。

ドリルの目的とポイントを解説しています。

このドリルの成果と目指すべきプレー、気をつけるべき点を紹介しています。

このページの目的です。

DRILL
開脚して股関節を動かす
最初は窮屈に感じると思いますが、できる範囲で股関節を動かしてみましょう。少しずつでも、プレーの変化を感じられます。
カカトを持ってつま先を上げる
カカトを持ったまま股関節を左右に動かしてつま先を浮かせます
広めのスタンスを取り、カカトのほうに手を通します
20～30回程度繰り返す
手を広げて骨盤を左右に動かす
腰の高さを変えずに左右に動きます
スタンスを広く取り、両腕を床と平行にします
20～30回程度繰り返す
Nakagawa's Advice
骨盤のスライドはイスに座るイメージ
2つ目のドリルでは、お尻の後ろの左右にイスを置いて、そのイスに座るイメージを持ってみましょう。そうすると臀部やハムストリングスへの刺激が増え、さらに効果が上がります。
017

自主練
04
プレーの質を上げる股関節の可動域アップ
POINT
ムーブの幅が広がる
股関節の可動域が広いと、動きの1歩の幅が大きくなります
CHECK
ドリブルのムーブやディフェンスにつながる動きになる
NG
ムーブが止められる
1歩の幅が小さいため、対応できないシチュエーションが多くなります
股関節を大きくスムーズに使う
バスケットボールでは股関節周りの可動域が広く、スムーズに使えることが理想です。股関節を大きく使えている選手は、いろいろなシチュエーションやルーズボールに反応できることが多く、優れた選手といえます。
ここではプレーのパフォーマンスアップにつながる、股関節の可動域を広げるおすすめのドリルを紹介したいと思います。
016

プレーの考え方やアレンジの仕方、応用テクニックなどを紹介しています。

このページで紹介しているドリルの目的、注意点などを解説しています。

動画のQRコードです。動画の見方は8ページで詳しく説明します。

INTRODUCTION 2

動画の見方

STEP1

カメラを起動

スマートフォンやタブレットのカメラを起動します。または、バーコードリーダー機能のアプリを立ち上げます。

STEP2

QRコードを読み取るモードにする

「読み取りカメラ」など、QRコードを読み取れるモードにします。機種によっては自動で読み取りモードになるものもあります。

STEP3

QRコードを写す、かざす

画面にQRコードが表示されるように合わせます。その状態で少し待ちましょう。

STEP4

表示されたURLをタップ

動画のアドレスが表示されたらタップします。すると動画がはじまります。

注意点

CAUTION

①動画を観るときは別途通信料がかかります。Wi-Fi環境下で動画を観ることをおすすめします。

②機種ごとの操作方法や設定に関してのご質問には対応しかねます。ご了承ください。

③動画の著作権は中川直之に属します。個人ではご利用いただけますが、再配布や販売、営利目的の利用はお断りします。

PART
1

体の使い方・体幹・フットワークの強化

BASKETBALL
自主練
01

体の使い方

パフォーマンスに直結するワールド・グレイテスト・ストレッチ

動画はコチラ

汎用性が高いストレッチ

練習前のウォーミングアップは、ケガの予防やその後の練習、ゲームでのパフォーマンスアップにつながることが重要です。まずは「ワールド・グレイテスト・ストレッチ（世界で最も偉大なストレッチ）」というメニューを紹介します。バスケットに必要な股関節周りの筋肉や柔軟性を複合的に伸ばすことができますので、いろいろなパフォーマンスアップにつなげていくことができます。

POINT

伸びている部位を意識する

広いスタンスで、ランジの姿勢を取ります

☑CHECK
モモのつけ根や後ろ側、側部など、「どこの筋肉が伸びているか」を意識することがとても大切

前に手をついて股関節周りを伸ばします。この姿勢から11ページに進みます

☑CHECK
胸を張って顔を上げる。

どの筋肉が伸びているかを意識する

このストレッチは股関節周りに効きます。モモのつけ根やモモの後ろ側、側部など、どの筋肉が伸びているかを意識しましょう。

手を開いて股関節周りを伸ばす

10ページの姿勢から外側の手を上に開きます

上半身をねじる（外旋）。ドライブのねじりの動きにもつながる

上げる手の指を目で追うことで、より股関節周りを伸ばせます

5〜10回繰り返す

手を軸にして体を前後に動かす

10ページの姿勢に戻り、手を軸にして体を前後に揺すります

股関節周りをじっくりと伸ばす

5〜10回繰り返します

前側のヒザを、円を描くように回す

円を描くように前側のヒザを回します。

伸びる部位が変わる

右回しと左回しの両方を、しっくりくるまで伸ばします

ひと通りのストレッチをしたら、反対側の脚でも行います

BASKETBALL
自主練
02

体の使い方

動けて耐えられるパワーポジションを作る

この姿勢で安定したスタンスを作る

パワーポジションには、いろいろなチェックポイントがあります

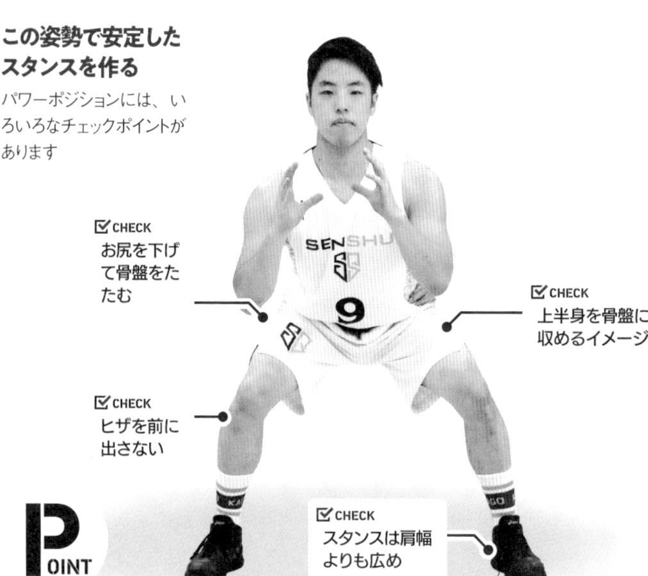
CHECK
お尻を下げて骨盤をたたむ
CHECK
上半身を骨盤に収めるイメージ
CHECK
ヒザを前に出さない
CHECK
スタンスは肩幅よりも広め

あらゆる状況に対応ができるパワーポジション

パワーポジションは、お相撲さんの姿勢に似ているかもしれません。ここで紹介するポイントを自分の感覚に落とし込んでください。

NG

腰が浮いた姿勢

弱い姿勢の一例です。この姿勢だとプレッシャーをかけられたら重心を崩してしまいます

あらゆる状況に対応できる姿勢

「強い姿勢を作りましょう」と言われることがあります。この姿勢は、相手がどれだけプレッシャーをかけてきても耐えたり、対応して次のプレーに移ることが目的です。そのため一概に「腰が高い姿勢」ということではありません。

このいろいろな対応ができる姿勢をパワーポジションと呼びます。皆さんにもぜひ身につけてもらいたい姿勢です。

動画はコチラ

DRILL

背骨を柔らかく使う

パワーポジションが取れない人に多いのが、背骨周りが硬くて前傾姿勢になることです。この問題を解決できる、背骨周りの筋群の柔軟性を上げるドリルを紹介します。

1
肩幅程度のスタンスで立ち、前屈してつま先を触ります

2
床と平行になるように腕を上げます
ヒザを前に出さない

3
さらに上がるところまで腕を上げます

4
腕を上げきったら立ち上がります
5～10回繰り返す

Nakagawa's Advice

背中の可動域とお尻の筋肉に変化

はじめは後ろに転びそうになるかもしれませんが、毎日続けると背中の可動域が広がるのを感じられます。さらにお尻の筋肉を使って姿勢を作る感覚もつかめます。

BASKETBALL 自主練

03

体の使い方

止まるために重要なお尻を動かすお尻壁トレ

POINT

お尻の筋肉で止まる

ボールをミートするときにお尻の筋肉を使えること、そして必要なお尻の筋肉を備えていることが大切です

NG

お尻の筋肉で止まれない

お尻の筋肉が弱かったり上手く使えないと、ピタッと止まれません。すると次のプレーに影響が出てしまいます

お尻の筋肉はとても大切

私がバスケットボールでかなり大事だと思っている部位がお尻です。ドリブルやパス、シュートなどいろいろなボールスキルがありますが、なかでも私は構えを重視しています。

この構えに重要なのが、ボールをミートするときにお尻の筋肉を使ってしっかりと止まることです。スピードやボディのコントロールには、このお尻の筋肉が必要不可欠になります。

動画はコチラ

DRILL

壁を使って片脚でスクワット

お尻を上手く使えることで、プレーが安定したり、緩急がつけられたりします。少しハードですが、臀部の筋肉をしっかりと鍛えましょう。

1
壁に手を当てて少し斜めになります

2
外脚を軽く上げて、内側の脚で立ちます

3
壁側のお尻の外側の筋肉を使い、しっかりとタメを作る
この姿勢で10回上下に動きます

4
反対側の脚でも行う
顔を下げないようにしましょう

Nakagawa's Advice

プロでも言われる「ケツを使って」

脚だけではなくお尻を主導筋として使うことの大切さは、プロの世界でもよく言われています。そのくらい大事だということですね。

BASKETBALL
自主練
04

体の使い方

プレーの質を上げる股関節の可動域アップ

POINT

ムーブの幅が広がる

股関節の可動域が広いと、動きの1歩の幅が大きくなります

CHECK
ドリブルのムーブやディフェンスにつながる動きになる

NG
ムーブが止められる
1歩の幅が小さいため、対応できないシチュエーションが多くなります

股関節を大きくスムーズに使う

バスケットボールでは股関節周りの可動域が広く、スムーズに使えることが理想です。股関節を大きく使えている選手は、いろいろなシチュエーションやルーズボールに反応できることが多く、優れた選手といえます。

ここではプレーのパフォーマンスアップにつながる、股関節の可動域を広げるおすすめのドリルを紹介したいと思います。

動画はコチラ

開脚して股関節を動かす

最初は窮屈に感じると思いますが、できる範囲で股関節を動かしてみましょう。少しずつでも、プレーの変化を感じられます。

カカトを持ってつま先を上げる

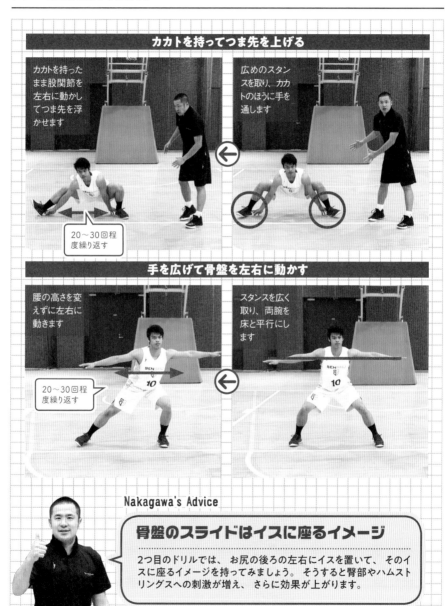

広めのスタンスを取り、カカトのほうに手を通します

カカトを持ったまま股関節を左右に動かしてつま先を浮かせます

20～30回程度繰り返す

手を広げて骨盤を左右に動かす

スタンスを広く取り、両腕を床と平行にします

腰の高さを変えずに左右に動きます

20～30回程度繰り返す

Nakagawa's Advice

骨盤のスライドはイスに座るイメージ

2つ目のドリルでは、お尻の後ろの左右にイスを置いて、そのイスに座るイメージを持ってみましょう。そうすると臀部やハムストリングスへの刺激が増え、さらに効果が上がります。

BASKETBALL
自主練
05

体幹

ボディバランスと体幹を強化するボール腕立てプランク

動画はコチラ

SENSHU
9

POINT

ボディバランスと体幹で姿勢を安定させる

爆発的なプレーを引き出す安定した姿勢でのボールキープ

NG

バランスが安定しない

姿勢が安定せず、タフなプレーにつなげられません

すべてのプレースキルで重要な2つの要素

バスケットボールに体幹やボディバランスが必要なことは、皆さんも実感したことがあるでしょう。ここではこの重要な2つの要素を鍛えるドリルを紹介します。

身体の軸を安定させることができると、競り合いにも強くなり、オフバランスのシュート、安定した姿勢でのボールキープといったスキルの強化につながります。

ボールの不安定感を利用するドリル

体幹の強化に有効な2つのドリルを紹介します。実際のゲームで、いろいろなスキルを確実に、安定して発揮するために重要な要素です。

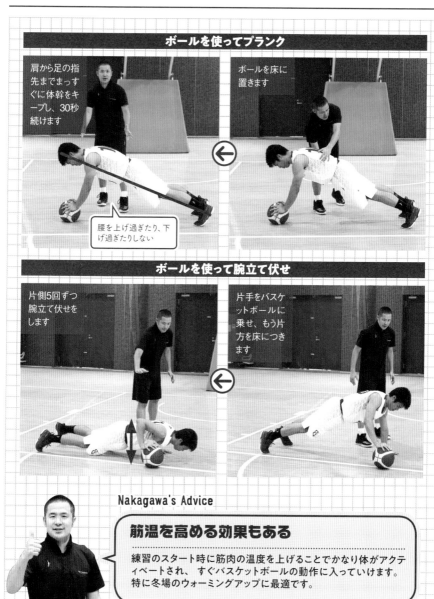

ボールを使ってプランク

ボールを床に置きます

肩から足の指先までまっすぐに体幹をキープし、30秒続けます

腰を上げ過ぎたり、下げ過ぎたりしない

ボールを使って腕立て伏せ

片手をバスケットボールに乗せ、もう片方を床につきます

片側5回ずつ腕立て伏せをします

Nakagawa's Advice

筋温を高める効果もある

練習のスタート時に筋肉の温度を上げることでかなり体がアクティベートされ、すぐバスケットボールの動作に入っていけます。特に冬場のウォーミングアップに最適です。

BASKETBALL
自主練
06

体幹

体幹の強化と安定につながるV字腹筋

動画はコチラ

POINT

競り合いに負けない

強い腹筋と体幹を持つことで多少の競り合いには負けない身体になります

プレー時の安定感が確実にアップする

このドリルの目的は腹筋を鍛えることで、実戦に必要な体幹を強化することです。ボールキープ時に身体を安定させたり、競り合いに負けずにシュートまで持っていける、バランスを崩してもシュート体勢に入れるなど、プレーの随所で必要になるフィジカルをコツコツとレベルアップさせましょう。ハードなドリルですが、ぜひ挑戦してみてください。

腕とヒザをしっかりと伸ばす

回数が増えるごとに腕やヒザが曲がりやすくなります。そうすると得られる効果が激減するのでしっかりと伸ばしましょう。

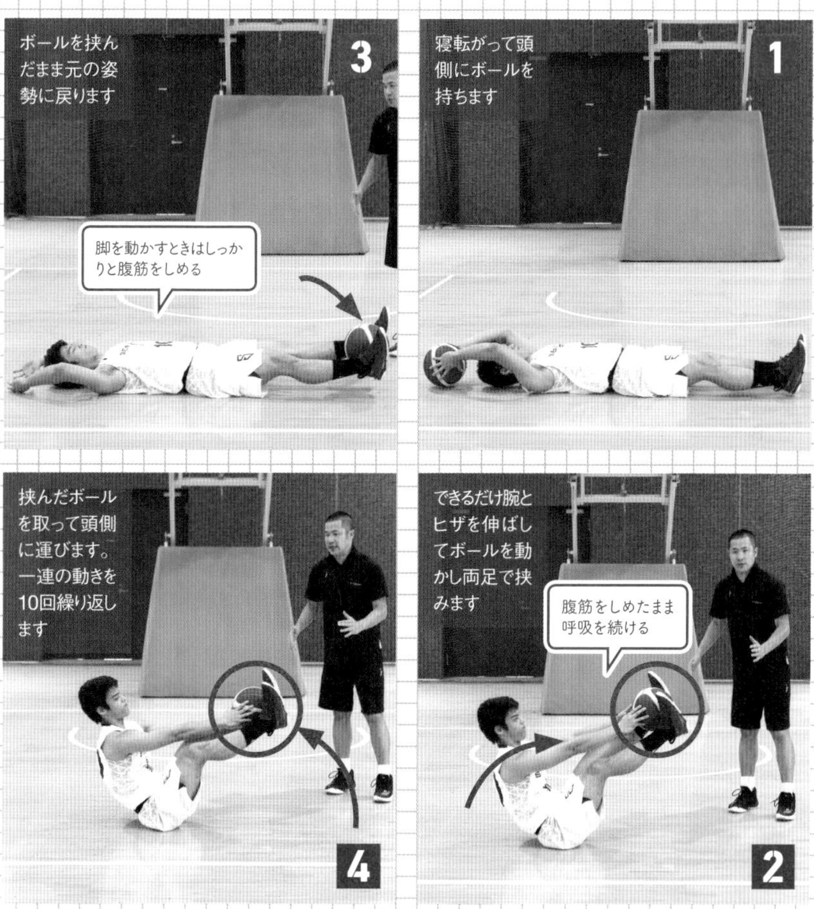

1
寝転がって頭側にボールを持ちます

2
できるだけ腕とヒザを伸ばしてボールを動かし両足で挟みます

腹筋をしめたまま呼吸を続ける

3
ボールを挟んだまま元の姿勢に戻ります

脚を動かすときはしっかりと腹筋をしめる

4
挟んだボールを取って頭側に運びます。一連の動きを10回繰り返します

Nakagawa's Advice

呼吸を止めない

力を入れようとすると、 呼吸を止めてしまいがちです。 それだと身体の深いところへの効果が減ってしまうため、 しっかりと呼吸を続けましょう。

BASKETBALL
自主練
07

体幹

腹筋と腸腰筋(ちょうようきん)を強化する腹筋ねじり

動画はコチラ

モモを引き上げる腸腰筋を鍛える

このドリルも腹筋と体幹を鍛えることが目的ですが、カカトを浮かせることで腸腰筋にもとても効きます。

腸腰筋は走るときにモモを引き上げる強さや姿勢の安定性につながる筋肉です。つらいドリルですが、爆発的な動きを引き出すためには欠かせない部位のトレーニングです。

POINT

素早い移動に欠かせない

このドリルで鍛えられる腸腰筋はモモを引き上げる強さなど、ダッシュに欠かせない筋肉です。

腸腰筋は見えないけど重要な筋肉

腸腰筋は、上半身と下半身をつなぐ唯一の筋肉です。速く走ったり、姿勢を保つために重要です。見えない位置にある筋肉で、鍛えることがつらいのですが、間違いなくプレーにプラスになります。

1 ヒザとつま先を90度にしてカカトを浮かせます

ドリル中はずっとカカトを浮かせておく

2 ボールを動かすように上半身をツイストします

3 ボールをしっかりと床につけます

4 反対側にひねります。この動きをできれば50往復します

Nakagawa's Advice

きついときは少ない回数から

いきなり50回は難しいかもしれません。 その場合は25回や30回からはじめて、 最終的に50回を目指しましょう。

BASKETBALL
自主練
08

フットワーク

20秒ごとに8種目を行うHIITトレーニング

DRILL ドリルの流れ

①1つの種目を全力で20秒行う
②種目間に10秒の休憩を入れて呼吸を整える
③次の種目を20秒間行う
④この繰り返しで8種目を行う（4種目やったら1分間の休憩を入れる）

種目1 モモ上げ
できるだけクイックにモモ上げをします。20秒行います
20秒行った後、10秒の休憩
種目3 ハーキーステップ
20秒行った後、10秒の休憩
力強くそして素早く、たくさん地面を踏んでいきます
種目2 サイドキック
20秒行った後、10秒の休憩
左右に素早く動きます。素早く正確な切り返しをしましょう

心肺機能や脚力などを鍛えられる

自主練に取り組もうと思ったものの、どのようなメニューをしたらよいかわからないということがあるでしょう。そのようなときは、HIITトレーニングがおすすめです。

このドリルでは、心肺機能や脚力、切り返しやジャンプなどのアスレチック面を鍛えられる8種類のメニューを1種目20秒行います。

動画はコチラ

HIITトレーニングとは、ハイ・インテンシティ・インターバルトレーニング（高負荷のインターバルトレーニング）の略です。

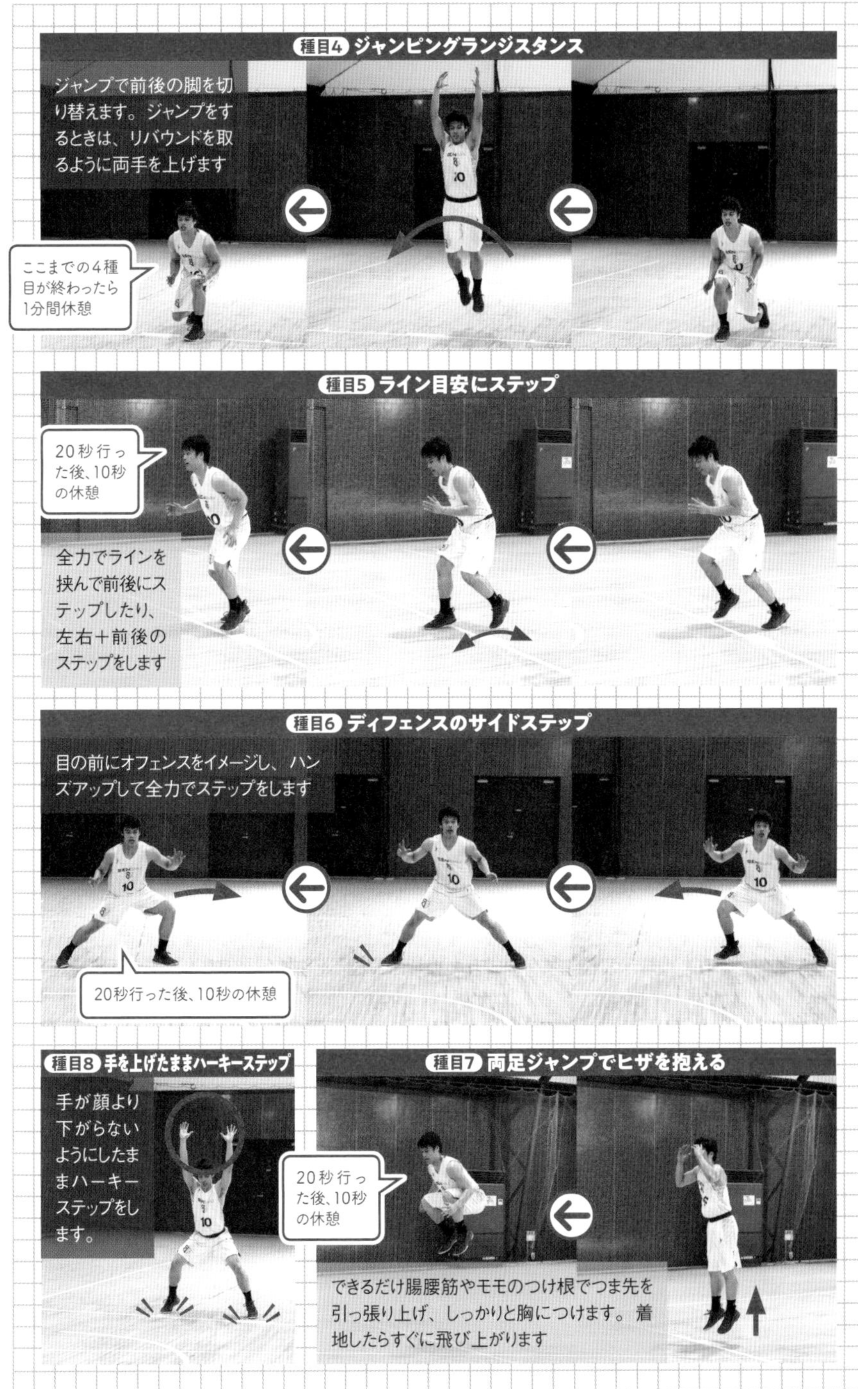
種目4 ジャンピングランジスタンス
ジャンプで前後の脚を切り替えます。ジャンプをするときは、リバウンドを取るように両手を上げます
ここまでの4種目が終わったら1分間休憩
種目5 ライン目安にステップ
20秒行った後、10秒の休憩
全力でラインを挟んで前後にステップしたり、左右＋前後のステップをします
種目6 ディフェンスのサイドステップ
目の前にオフェンスをイメージし、ハンズアップして全力でステップをします
20秒行った後、10秒の休憩
種目8 手を上げたままハーキーステップ
手が顔より下がらないようにしたままハーキーステップをします。
種目7 両足ジャンプでヒザを抱える
20秒行った後、10秒の休憩
できるだけ腸腰筋やモモのつけ根でつま先を引っ張り上げ、しっかりと胸につけます。着地したらすぐに飛び上がります

BASKETBALL
自主練
09

フットワーク

素早いオフェンスに対応するハーキーステップドリル

動画はコチラ

バスケットで重要な小刻みなステップ

小刻みにステップするハーキーステップは、重要なフットワークです。例えばディフェンスについた場合に、大きなステップ（ストライドステップ）しかできなければ、相手に隙をつかれやすくなってしまいます。

このようなケースを防ぐためには、肩幅よりも広くスタンスを取り、強く素早い小刻みなステップが必要になります。

POINT

脚を使ったディフェンスができる

小刻みに動くことでオフェンスの脅威に対して脚を使ったディフェンスができます

NG

大きなステップだけでは隙が生まれる

大きなステップしかできないと隙が生まれ、脚を使ったディフェンスができません

DRILL

4つのポイントを意識する

ハーキーステップは、①広いスタンス、②ヒザがつま先よりも後ろ、③骨盤をたたんで小刻みに動く、④ハンズアップがポイントです。

1 広めのスタンスを作ります

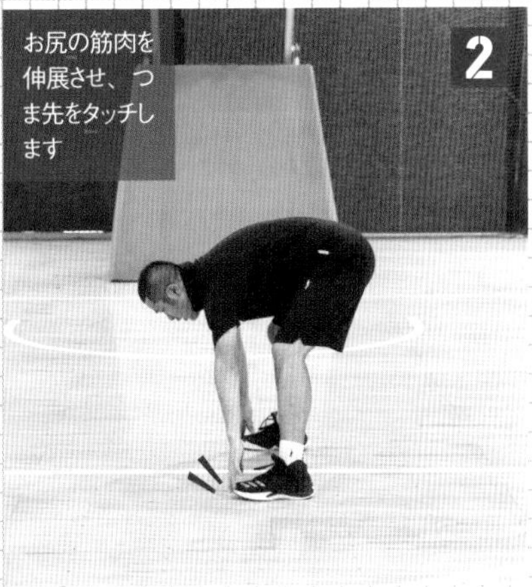

2 お尻の筋肉を伸展させ、つま先をタッチします

3 お尻をカカト側に下げるようにして骨盤をたたみます

4 上半身を起こして小刻みなステップをします

10~15秒を3~5セット繰り返す

Nakagawa's Advice

上半身を前に倒さない

ハーキーステップが苦手なプレイヤーは、ステップを繰り返すうちに上半身が前に倒れる傾向があります。しっかりと胸を起こして、背骨を柔らかく使いましょう。

体の使い方

ドライブが変わる！肩甲骨&ハムストリングス改善

動画はコチラ

ボールを使った肩甲骨&ハムストリングス伸ばし

プレーに関わる重要な部位が、肩甲骨とハムストリングスです。この2つの部位をしっかりと使えることで、初動の筋爆発と高可動域が発揮できるようになります。具体的にはドライブ時に身体を外旋させたり、スムーズにドライブに移れる姿勢を作ることができます。

そこで私も毎回やっている2つのボールを使ったドリルを紹介します。

POINT 身体のねじれを作る

ねじれがスムーズにできることで、よいドライブの姿勢が作れます

CHECK
このねじれが筋爆発を生む源になる

NG ねじれが作れない

ねじれができないと、単調な動きしかできない姿勢になってしまいます

DRILL

ボールを使った2つのドリル

このドリルはボールの重さを利用したダイナミック（動的）ストレッチです。十分にボールの重さを活かしましょう。

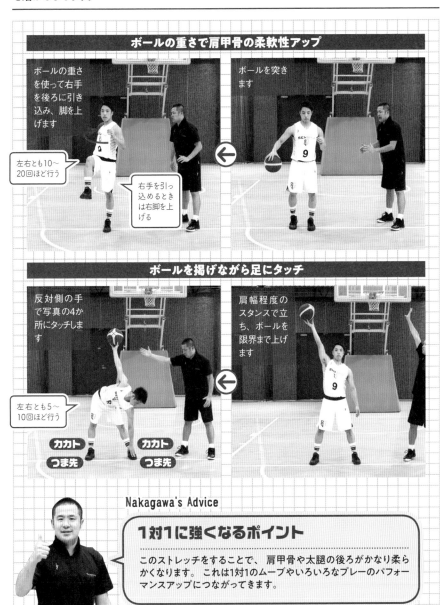

ボールの重さで肩甲骨の柔軟性アップ

ボールを突きます

ボールの重さを使って右手を後ろに引き込み、脚を上げます

左右とも10〜20回ほど行う

右手を引っ込めるときは右脚を上げる

ボールを掲げながら足にタッチ

肩幅程度のスタンスで立ち、ボールを限界まで上げます

反対側の手で写真の4か所にタッチします

左右とも5〜10回ほど行う

カカト
つま先
カカト
つま先

Nakagawa's Advice

1対1に強くなるポイント

このストレッチをすることで、肩甲骨や太腿の後ろがかなり柔らかくなります。これは1対1のムーブやいろいろなプレーのパフォーマンスアップにつながってきます。

実戦を想定したフットワーク習得

ライン間を素早く往復する

バスケットのファンダメンタル（基礎基本）で必ず出てくるのがフットワークです。練習前のアップで惰性的にやってしまう方もいるかもしれませんが、少し意識を変えることでこの時間がとても有意義になります。私がプレイヤー時代を振り返ったときに、とても重要だと考えているフットワークの大事な3つのポイントを紹介します。

動画はコチラ

POINT
1回1回ラインを踏む

毎回必ずラインを踏みましょう。この少しの差で成長が変わります

CHECK
ラインを踏むことが10とすると、8くらいしか進まない人が多い。この2の差が後々大きな差になって表れる

NG
ライン手前で切り返す

この甘えがゲームでも出てしまいます

DRILL

正面と横向きでライン間を移動

フットワークの基本は、できるだけ頭を上下させないことです。頭が動くことで余分な時間がかかったり、隙が生まれてしまうからです。

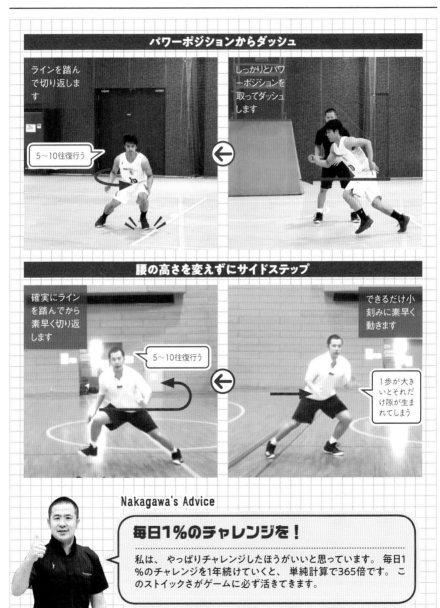

パワーポジションからダッシュ

しっかりとパワーポジションを取ってダッシュします

ラインを踏んで切り返します

5〜10往復行う

腰の高さを変えずにサイドステップ

確実にラインを踏んでから素早く切り返します

5〜10往復行う

できるだけ小刻みに素早く動きます

1歩が大きいとそれだけ隙が生まれてしまう

Nakagawa's Advice

毎日1%のチャレンジを！

私は、やっぱりチャレンジしたほうがいいと思っています。毎日1%のチャレンジを1年続けていくと、単純計算で365倍です。このストイックさがゲームに必ず活きてきます。

COLUMN

1

「いつまでノート作りよん？」に隠された上達のヒント

僕らの上達を加速させたのが、バスケノート。その日練習で感じたことや、改善点をノートに書いていくのです。

ノートに書くことで思考が深まり、やることが明確になり、ブレずに練習や試合に向き合えるようになりました。

ちなみに日米のプロチームで活躍した弟の和之（※）も、中学から毎日欠かさずバスケノートをつけていました。和之はかなりマメです。毎日自分のプレーに対して、何をしたか・どうだったか・成長できた部分・次の課題は何か？　を丁寧にコツコツ書き込んでいるんです。

「お前いつまでノート作りよん？」とよくツッコミを入れたものです。

ですが、バスケで日々成長していくには、自分と向き合うこの作業がとても大切だと思います。あなたもぜひ自分のプレーについて考える時間を作ってみてください。

ノートといえば、僕は勉強も頑張ることをお勧めします。

時間を忘れるような高い集中力は、勉強や読書から身につけることができました。

コート外で考えたことや、磨いた集中力は、コートでも必ず活きます。ぜひ日頃から考える力を高めていきましょう。

※私の双子の弟。大学生までは同じチームでプレーし、その後和之は渡米。独立リーグABAやBリーグでプロ選手として活躍し、2018年に引退。現在は岡山県にあるIPU・環太平洋大学女子バスケットボール部監督を務めている

PART 2

ファンダメンタル（ステップ・ハンドリング）

BASKETBALL 自主練 12

ファンダメンタル

トリプルスレッドからのムーブ ジム・ジョーンズドリル①

動画はコチラ

トリプルスレッドの反復

アメリカのジム・ジョーンズさんが開発されたドリルで、皆さんに必ずやっていただきたい内容です。

このドリルの目的は、ボールを扱うときの構えやステップワーク、ストップ動作の基本になるトリプルスレッドを反復し、質を高めることです。シュート、パス、ドリブルそれぞれがすぐにできるトリプルスレッドの姿勢を素早く確実にセットしましょう。

POINT

トリプルスレッドを確認

シュート、パス、ドリブルに素早く移行できる姿勢のこと

CHECK
バスケットで最も脅威のスタンスだといわれている

NG

トリプルスレッドが取れないと

動こうとしたときに予備動作が入ってしまい、隙ができます

DRILL

股下スイングからドリブル&キャッチ

トリプルスレッドの姿勢からボールをスイングし、1回ボールをついてキャッチします。左右交互に行い、前に進みます。

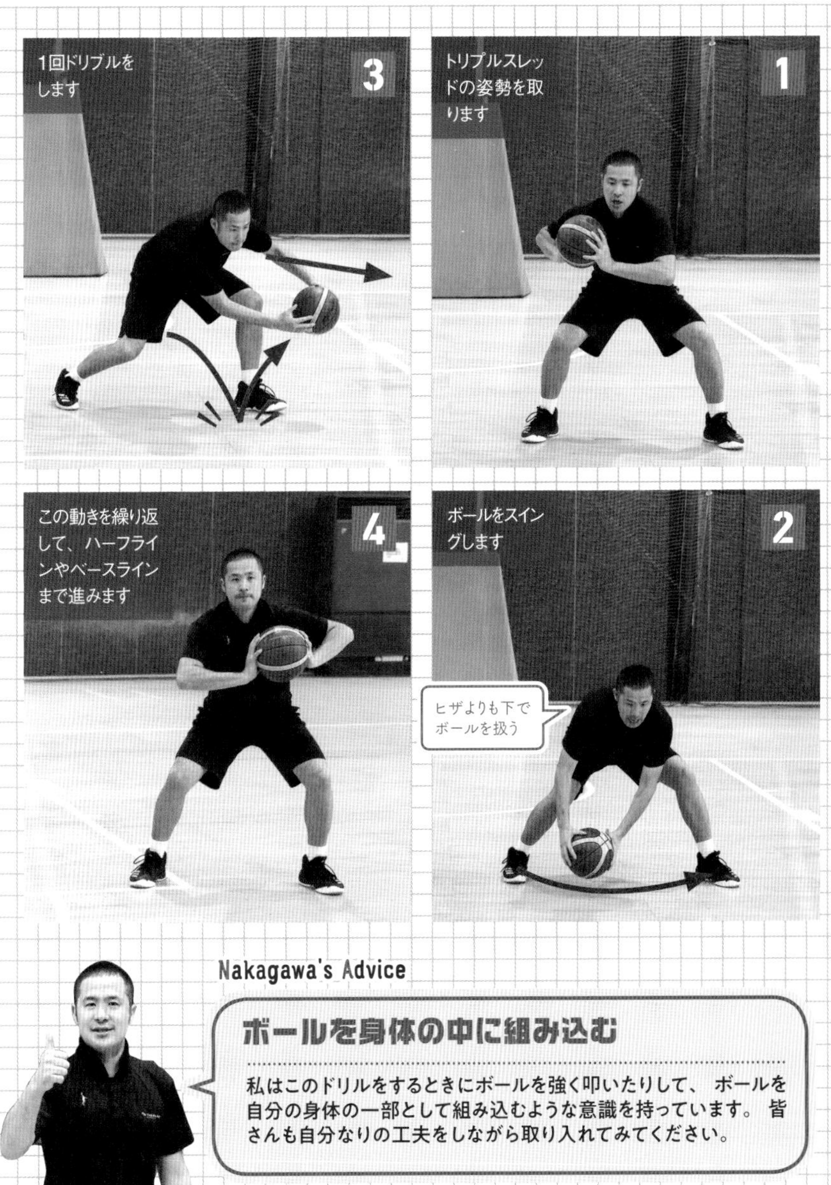
1
トリプルスレッドの姿勢を取ります
2
ボールをスイングします
ヒザよりも下でボールを扱う
3
1回ドリブルをします
4
この動きを繰り返して、ハーフラインやベースラインまで進みます

Nakagawa's Advice

ボールを身体の中に組み込む

私はこのドリルをするときにボールを強く叩いたりして、ボールを自分の身体の一部として組み込むような意識を持っています。皆さんも自分なりの工夫をしながら取り入れてみてください。

BASKETBALL
自主練
13

ファンダメンタル

トリプルスレッドからのムーブ ジム・ジョーンズドリル②

動画はコチラ

DRILL

ピボットを加えて斜めに進む

斜めに進んでいくドリルです。ドリル12のスイングからドリブルの動きに、リバースターンなどで使うピボットの動きを加えます。

1 トリプルスレッドの姿勢でボールをセットします
2 左脚を軸足にして一度内側に身体を入れます
3 姿勢を戻しながら1回ドリブルをします
4 キャッチをします。この動きを繰り返します
反対側も行う

いろいろなピボット動作を強化する

NBAのスーパーハンドラー、カイリー・アービングも、ドリブル練習の前にひたすらこのピボット動作をして、入念に確認するそうです。相手をどのように出し抜くかというイマジネーションを高めているのですね。このように鮮明なイメージが持てるほど、単調に思える反復練習の質がぐんと上がります。シチュエーションや相手などをイメージして行いましょう。

DRILL

いろいろなピボット動作を加える

これまでの動きに、ボールを①頭の上で扱う、②真ん中で扱う、③下で扱うという3つのピボット動作を加えます。

1 トリプルスレッドの姿勢でボールをセットし、頭の上でボールを動かします

2 ピボットしながら頭の上を通します

3 トリプルスレッドの姿勢を取ります

4 身体の真ん中を通し、トリプルスレッドの姿勢を取ります

5 最後は身体の下を通します

6 トリプルスレッドの姿勢から1回ドリブルをします

この動きを繰り返しながら進む。反対側も行う

BASKETBALL
自主練
14

ファンダメンタル

ハンドリング力を上げるソーラードリル①

POINT

ボールをこぼさない

ハンドリングの本質はボールがこぼれないように指でつかむこと

CHECK
ボールハンドリングの本質はボールが手からこぼれることを防ぐこと

ボールをロストしてしまう

ハンドリングが甘いとボールがこぼれてしまいます

ボールハンドリングの本質とは

ボールハンドリングはどうして必要だと思いますか？

ゲームではファンブルしたり、意図しないところでロスしたりすることがあります。このようにボールが手からこぼれることを防ぐために、指でしっかりとつかむことがハンドリングの本質です。そしてしっかりとつかむことを意識することが、ハンドリングの練習になります。

動画はコチラ

DRILL

全速力でボールを回す

このドリルではボールをファンブルしてもよいので、とにかく全速力でボールを回します。限界に挑戦し続けましょう。

1
リラックスして立ちます
2
お腹の周りを全速力で、ボールを回します
ファンブルしてもOK
3
限界まで素早く回します
4
左右とも行います
5秒~10秒ほど全力で行う

Nakagawa's Advice

とにかく限界までチャレンジ

NBAのレジェンドであるピストル・ピートも「とにかく限界値までチャレンジ」と言っています。長時間の練習よりも、時には自分の限界にチャレンジすることのほうが大切です。

BASKETBALL
自主練
15

ファンダメンタル

ハンドリング力を上げるソーラードリル②

POINT

駆け引きを有利に行える

ハンドリング力が上がることでプレーの質とスピードが上がります

CHECK
しっかりとボールを手元に収める

ハンドリングはあらゆる場面で必要

ハンドリング力を高めるソーラードリルの別バージョンを紹介します。ドリブルやボールを持つ、シュートを放つなど、バスケットボールのあらゆる場面で必要になるのがハンドリングです。しっかりと自分の手元に収められるようになれば、プレーの質やスピードが上がり、相手との駆け引きを有利に行えるようになります。そのために限界に挑戦しましょう。

動画はコチラ

頭の周りやヒザの裏、片脚を出してボールを回す

ドリル14から連続して行いましょう。頭の周り、ヒザの周り、片脚を前に出して行うなど、いろいろな高さや動きを加えてボールを全速力で回します。

頭の周りを回す

左右とも5～10秒ほど行います

頭の周りを全速力で回します

ヒザの周りを回す

左右とも行います

中腰になってヒザの周りを回します

前脚の周りを回す

慣れてきたらメディシンボールでも挑戦しよう!

前に出した脚の裏側を回します

左右の脚を交互に1歩前に出します

BASKETBALL
自主練
16

ファンダメンタル

ボールのコアを捉えるスネイクドリル

POINT

手が小さくてもコアを捉えられる

ボールのコアは手の大きさに関係なく捉えることができます

コアを捉えられないと安定しない

コアを捉えられないとスムーズに次のプレーに移行できません

コアを捉えると意のままに動かせる

バスケットボールでは、ボールを意のままに扱えることが理想ですが、基本的には片手で扱わないといけません。当然両手で持った場合と比べて不安定になってしまうのですが、それをできるだけ不安定にしないコツがあります。それがボールのコア（中心）を捉えることです。コアをしっかりと捉えられると安定感が高まり、ぐらつくことが少なくなります。

動画はコチラ

DRILL

コアを捉えてボールを動かすスネイク

片手をまっすぐにしてボールを持った状態から、身体の周りを回すようにしてボールを動かして、スタートの姿勢に戻ります。蛇のようにボールに絡みつくハンドリング練習です。

1 片手をまっすぐにしてボールを持ちます

2 脇の下を通すように腕を動かします

コアを捉えられるとボールが安定する

3 手首を返しながらボールを上げていきます

4 腕を伸ばしてボールを身体の前に持ってきます

反対側も行う。3~5回ほど繰り返す

この後は逆再生をするように元の姿勢に戻る

Nakagawa's Advice

腕周りの関節の可動域も広がる

このドリルは肩甲骨や手首を大きく動かす必要があります。 このドリルを繰り返すことで、 肩甲骨や手首の関節の可動域も広がってきます。

BASKETBALL
自主練
17

ファンダメンタル

身体にボールを巻き込むスネイクキャッチ

CHECK
ボールに絡みつかせて自分の中心に持ってくる

POINT

手首を柔らかく使う

手首をボールに巻きつけるには、柔らかく使うことが大切です

ボールがこぼれてしまう

コアを捉えられないとボールがこぼれてしまいます

ボールを手元に巻き込む

リバウンドを捕る練習にもなるスネイクキャッチというドリルがあります。

リバウンドでは両手を使ったほうが確実にキャッチできますが、片手のほうがより高い打点でボールが捕れます。そのときに使うのが手首を蛇のようにボールに絡みつかせて巻き取る動きです。この動きもボールのコアを捉えることがとても重要になります。

動画はコチラ

DRILL

遠心力を使いながら巻き込む

自分でボールを投げ上げたら、手の腹を外側に向けてボールを捉え、遠心力を利用して中心に引き込みます。引き込んだらヒジを張り、身体の中心にボールを置きましょう。

1
ボールを投げます
2
手の腹を外側に向ける
手首をボールに巻きつけていくイメージです
3
ボールのコアを捉え、遠心力を使いながら引き込みます
4
この動きを左右3回ずつ行う
身体の中心にボールを収め、ヒジを張ります
Nakagawa's Advice

強いポジションにボールを収める

リバウンド後は、相手が手を出してくる可能性があります。その プレーに負けないためには、最も強いポジションにボールを持ってくることが大切です。

ファンダメンタル

確実にコアを捉える指ドリブル

1本ずつの指でコアを捉える

普段のドリブルは5本の指を使いますが、このドリルではそれぞれの指、つまり1本の指でドリブルをします。本来は5本の指を使うところを1本の指を使うわけですから、ハンドリングやコアを捉える動きが磨け、活きたドリブルができるようになります。

またヘッドアップやアイズアップ（以降ヘッドアップ）といわれるように、ボールではなく周りを見ます。

POINT

左右差がないようにする

左右それぞれの指でドリブルをし、できるだけ左右差を減らします

CHECK
ボールではなく周囲を見る
CHECK
5本それぞれの指でボールを突く
SENSHU

POINT

両手で同じようにプレーができる

利き手があるのは当たり前ですが、ドリブルもパスもシュートも、できるだけ両手でできるようになりましょう。

動画はコチラ

意のままにドリブルができる

このスキルを磨いていくと、しっかりとボールを手の中に収める動きが身につき、意のままにドリブルができるようになります。

1

脚を開いて座り、ボールを横に置きます

2

手の腹でバンとボールを叩き、浮かせます

3
ボールではなく周囲を見ながら行う
人指し指、中指、薬指、小指、親指、そして5本指と順に行う

浮いたボールを1本の指で捉え、できるだけ早くドリブルをします

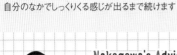

4
右だけでなく左も同じように行う

自分のなかでしっくりくる感じが出るまで続けます

Nakagawa's Advice

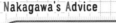

1本ずつの指が独立してボールを捉える

このドリルの難易度は高いですが、すべてのカテゴリーの選手にやってもらいたい超ファンダメンタルドリルです。確実にボールハンドリングが変わります。

BASKETBALL
自主練
19

ファンダメンタル

2人でマシンガンパスドリル

POINT

球際に強くなる

パワーポジションを取って
ボールを手繰り寄せます

CHECK
最強の姿勢であるパワーポジションをしっかりと取る

NG

球際に弱い……

ポジションやハンドリング力などが弱いと球際にも弱くなります

球際に強くなる ハンドリング強化

ボールを持ったプレイヤーの動きは、簡単にいうと「つかむこと」と「放つこと」の2つに集約されます。そしてゲームで勝つチームの共通点は、「球際に強い」ということです。そのためには目の前のボールをどうにかして手繰り寄せ、味方に渡したりシュートを放つプレーにつなげることがポイントで、このドリルの目的になります。

動画はコチラ

DRILL

2人1組でパス交換

このドリルはセンターサークルの直径（3.6m）くらいの距離を取り、パス交換を繰り返します。短時間で休まずに行います。

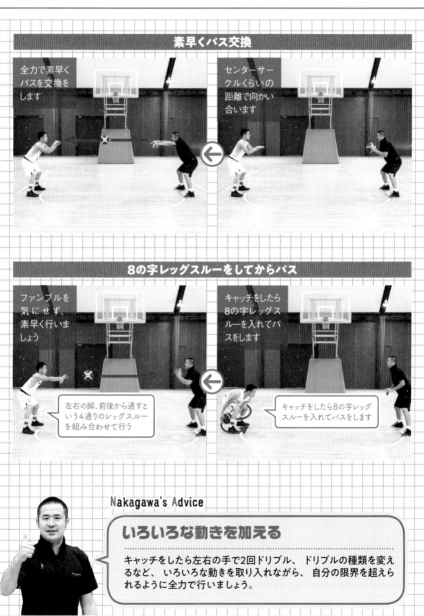

素早くパス交換

全力で素早くパスを交換をします

センターサークルくらいの距離で向かい合います

8の字レッグスルーをしてからパス

ファンブルを気にせず、素早く行いましょう

左右の脚、前後から通すという4通りのレッグスルーを組み合わせて行う

キャッチをしたら8の字レッグスルーを入れてパスをします

キャッチをしたら8の字レッグスルーを入れてパスをします

Nakagawa's Advice

いろいろな動きを加える

キャッチをしたら左右の手で2回ドリブル、 ドリブルの種類を変えるなど、 いろいろな動きを取り入れながら、 自分の限界を超えられるように全力で行いましょう。

ファンダメンタル

ワンハンドで打つレイアップシュート

早い年代から身につけたいスキル

「レイアップシュートは片手で打つ」。これは日本のバスケットボール界に広く伝えたいことです。その理由はフィンガーロールという動きを使うことで、ディフェンス側にボールが一切動かないため、ディフェンスから離れたところでフィニッシュができるからです。その有効性はゲームでもすぐに表れますので、ぜひとも早いうちから身につけてください。

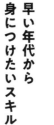

動画はコチラ

POINT フィンガーロールの動きを使う

高い位置で手首を内側にひねるように動かします

CHECK
フィンガーロールを使うことで、ディフェンスにボールをカットされるリスクが激減する

CHECK
ボールを肩よりも下げない

DRILL

ボールのコアを捉える

片手でボールを扱いますので、しっかりとボールのコアを捉えるスキルが求められます。これまで以上にコアを捉える意識を高めましょう。

1
ワンハンドドリブルからハンドルします
2
ボールを下げずにレイアップに行きます
ボールを肩よりも上に置く
3
フィンガーロールを使って高い打点で放ちます
4
どちらの手でも放てるように練習しましょう

Nakagawa's Advice

違いが作れる選手に近づく

ワンハンドドリブル、ハンドル、リリースという流れでレイアップをします。日本人選手は意外と練習していない動きですので、これだけで決定的な違いを作れる選手に1歩近づきます。

BASKETBALL
自主練
21

ファンダメンタル

活きたハンドリングが身につくヒザ・腰・肩の3段階ドリブル

動画はコチラ

ハンドリングとヘッドアップを強化

ゲームでは、シチュエーションによってドリブルの高さを変える必要があります。ルール上、肩よりも上のドリブルはダブルドリブルになりますが、肩よりも下であれば自由に高さを使えるのです。

このドリルでは意図的にドリブルの高さを変えることで、活きたハンドリング能力が身につくと同時に、実戦でも使える高さの変化も覚えられます。

POINT

ボールを守りながらドリブル

姿勢や突く強さ、反対の手の役割を意識して突きます

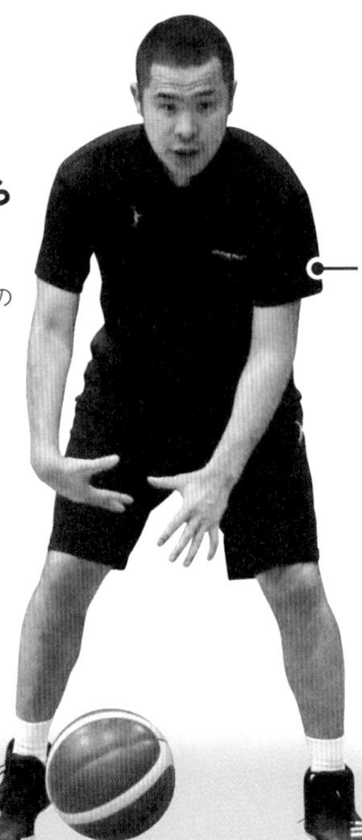

CHECK
パワーポジション、強く速く突く、ボールを守る反対側の手、そして周囲を見ることの4つを意識する

NG

練習のためのドリブルをしない

目の前の相手をイメージして行いましょう

DRILL

 実戦で必要な要素を含んだドリル

ドリブルの高さを変えたり、広い視野を持つことは、そのままゲームで使えます。複数の要素が習得できるドリルです。

1 パワーポジションを取ります

2 ヘッドアップして肩の高さで強く速いドリブルをします

3 続いて腰の高さで強く速いドリブルをします

4 最後はヒザの高さで強く速いドリブルをします

時間や回数で区切り、左右とも行う

Nakagawa's Advice

ヘッドアップして強く突く

強く速いドリブルをすることで、活きたハンドリングにつながります。またヘッドアップして周囲の状況を把握することで、ドリブルをしながら瞬時にいろいろな判断ができるようになります。

BASKETBALL
自主練
22

ファンダメンタル

ブラインドでヒザ・腰・肩の3段階ドリブル

動画はコチラ

身体の外側でドリブル

ドリル21の応用編であり、より実戦編な練習です。ありがちなドリブルに、自分がボールを見やすい場所（シリンダー）だけで突いてしまうことがあります。シチュエーションによっては、ディフェンスから遠い場所でドリブルをする必要も出てくるため、ヘッドアップをして周辺の状況を捉えながら、ブラインドでも確実に突けるようになりましょう。

POINT

ブラインドを使ってドリブル

目に見える範囲の外側でドリブルをします

NG

自分の捉えやすい範囲でドリブル

相手にとっては守る範囲が狭いため、動きを読みやすくなります

ディフェンスをイメージしてドリブル

意識をしないと、自分が捉えられる範囲だけでボールを突いてしまいがちです。この意識を変える意味でもおすすめのドリルです。

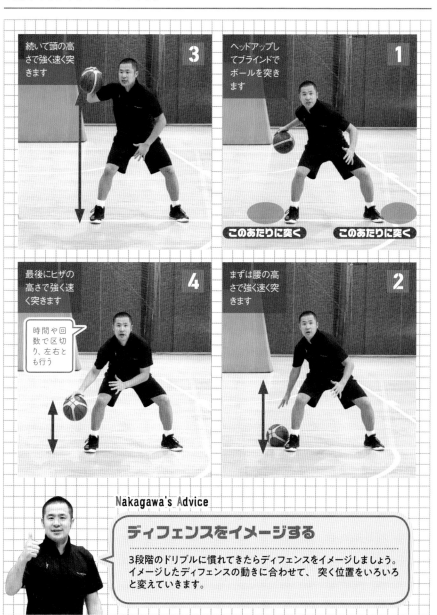

1 ヘッドアップしてブラインドでボールを突きます

このあたりに突く

このあたりに突く

2 まずは腰の高さで強く速く突きます

3 続いて頭の高さで強く速く突きます

4 最後にヒザの高さで強く速く突きます

時間や回数で区切り、左右とも行う

Nakagawa's Advice

ディフェンスをイメージする

3段階のドリブルに慣れてきたらディフェンスをイメージしましょう。イメージしたディフェンスの動きに合わせて、 突く位置をいろいろと変えていきます。

2人1組でコーディネーションパス

複合的に能力が鍛えられる

キャッチや素早いパス、複数の動きを把握するなど、複合的に能力が鍛えられます。連続で行うことで心肺機能も鍛えられます。

ストレート&バウンズパス

お互いにボールを持って向き合います
DEF
REB
T
1人がストレートパス、もう1人がバウンズパスを出します。ある程度やったら出すパスの種類を交替します
DEF
REB
T

2人でできるパスのレベルアップドリル

ここでは2人で行うドリルを2つ紹介します。

1つ目は1人がストレートパス、もう1人がバウンズパスを同時に出します。同時にパスを出し、ある程度行ったらパスを逆にします（ストレートパスの人はバウンズパス）。

2つ目はボールを持ち、ペアからのパスを捕る前に持ったボールを浮かせ、その間にペアへパスを返します。連続でトライしましょう。

動画はコチラ

ボールを浮かせている間にキャッチ&パス

1
2
3

1 ボールを持って向かい合う

2 片方は持っていたボールを浮かせ、相手のパスを捕る

3 そのままパスを返し、浮かせたボールを捕る。この動きを繰り返す

COLUMN

地味すぎる? いやそれでいいんです

中学時代は、監督であり恩師である小林先生にみっちりと基礎を教わりました。鬼のフットワーク、ボールキャッチやドリブルからのパスやランニングプレー、ひらすらしんどいディフェンス練習。毎日4時間、365日、まさに地味すぎる練習を送る日々でした。

そんなある日、練習を見に来ていた地元山口県バスケ界の巨匠である渡辺一平先生に「レッグ・スルーをやってみい」。と言われました。

渡辺先生にそう言われても、基礎を大事にする小林先生の前では、「先生に怒られるのでそれはちょっと……」と思い込み、とてもできませんでした。

中3になり、「上級生だしぼちぼちいいかな?」と小林先生の前でレッグスルーをやると、怒られるどころか「ええぞ!どんどんやれ!!」。なんのことはない、怒られると思っていたのは僕の思い込みでした。

レッグスルーができてからは1対1のバリエーションが増え、華があるプレーができたことでテンションも爆上がりです。さらに高校生になると、NBA選手ジェイソン・ウィリアムスさんのドリブルスキルを間近で見る機会がありました。息ができないほどの衝撃で、その後は弟の和之と、毎日腕がパンパンになるまでドリブルの練習に明け暮れました。

この日々があり、その後のバスケ人生があるのですが、振り返ると基礎をしっかりやっていたからこそ難しいスキルを身につけることができました。「基礎がない上にスキルは建たない」これに尽きると思います。

PART 3

ドリブル練習系

ドリブル

ボールをポケットに収めるポケットドリブル

動画はコチラ

POINT ポケットにボールを収める

ボールを長く扱い、ポケットに引きこみます

CHECK
毎回ポケットにボールを収めるつもりで引き込む

NG

手のひらが上になるとダブルドリブル

引きこんだときに手首を返すとダブルドリブルを取られます

ヨーヨーのように吸いつける

ファストブレークの合わせなどでは、クイックパスなど片手で素早くボールを扱う動きが必要になります。脇腹の横にポケットをイメージし、毎回そのポケットにボールを収めるつもりでボールを引き込みましょう。ヨーヨーのようにボールが手に吸いついてくる感じです。この動きがドリブルやハンドル、リリースなどを片手で正確にできることにつながります。

DRILL

引きこむことでいろいろなムーブに移行しやすい

ドリブル後、スムーズにいろいろなムーブにつなげるためには、ボールを突くたびに安定したポジションにボールを持ってくる必要があります。

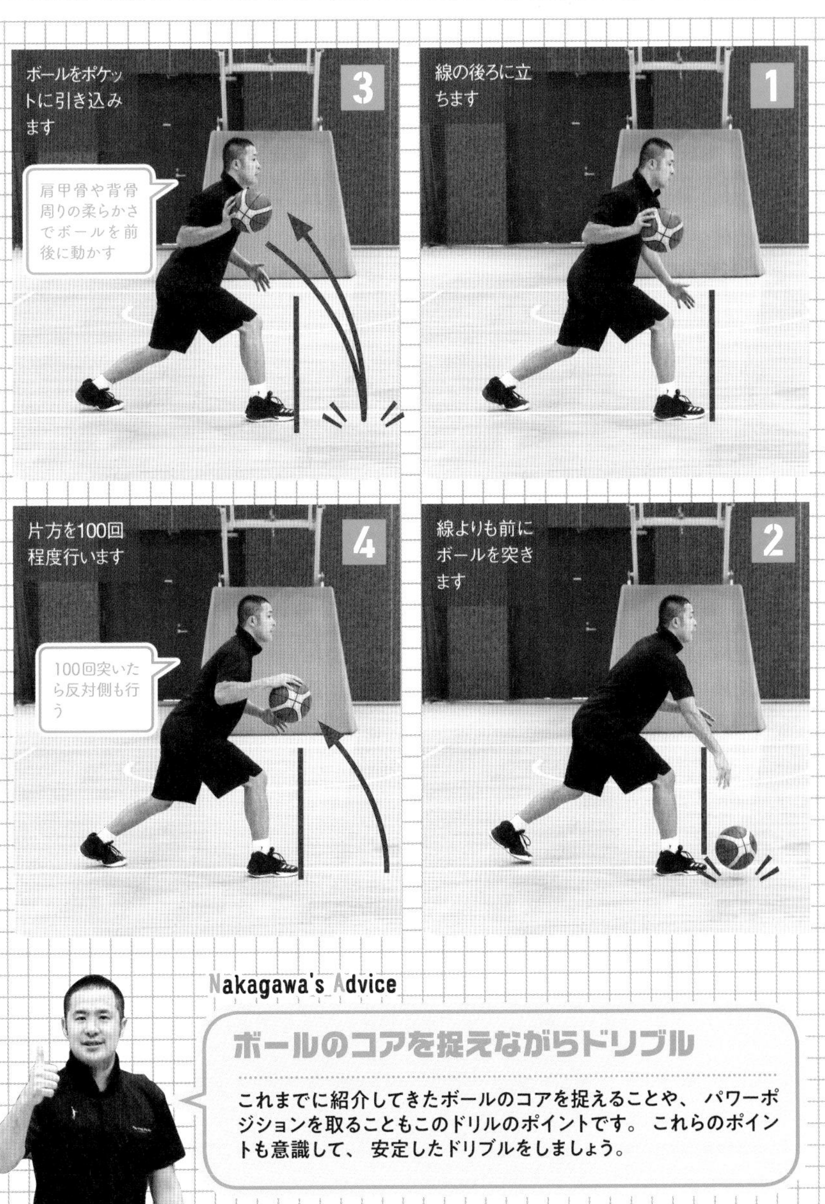
1
線の後ろに立ちます
2
線よりも前にボールを突きます
3
ボールをポケットに引き込みます
肩甲骨や背骨周りの柔らかさでボールを前後に動かす
4
片方を100回程度行います
100回突いたら反対側も行う

Nakagawa's Advice

ボールのコアを捉えながらドリブル

これまでに紹介してきたボールのコアを捉えることや、 パワーポジションを取ることもこのドリルのポイントです。 これらのポイントも意識して、 安定したドリブルをしましょう。

ドリブル

ボールをいろいろな場所に突くシフトドリブル

動画はコチラ

ボールを突く場所を変化させる

ドリブルで無意識にやってしまいがちな動きの1つに、身体の真下に突くことがあります。これだけだとプレーの幅を狭めてしまうので、いろいろな場所に突けるようになりましょう。

ドリル24のポケットドリブルの動きを使いながら、長くボールを捉えてシフトしていきます。ムーブの場所を変化できることは、様々なシチュエーションで有効です。

POINT
ボールを長く捉える
ボールを長く捉えて突く場所を変えます

CHECK
ダブルドリブルにならないように注意

DRILL

相手の意識を誘う

私がよく使うのはロールターンをして相手に背中を向け、相手の意識が薄いほうにさらにターンしてドライブに行き、シュートという動きです。

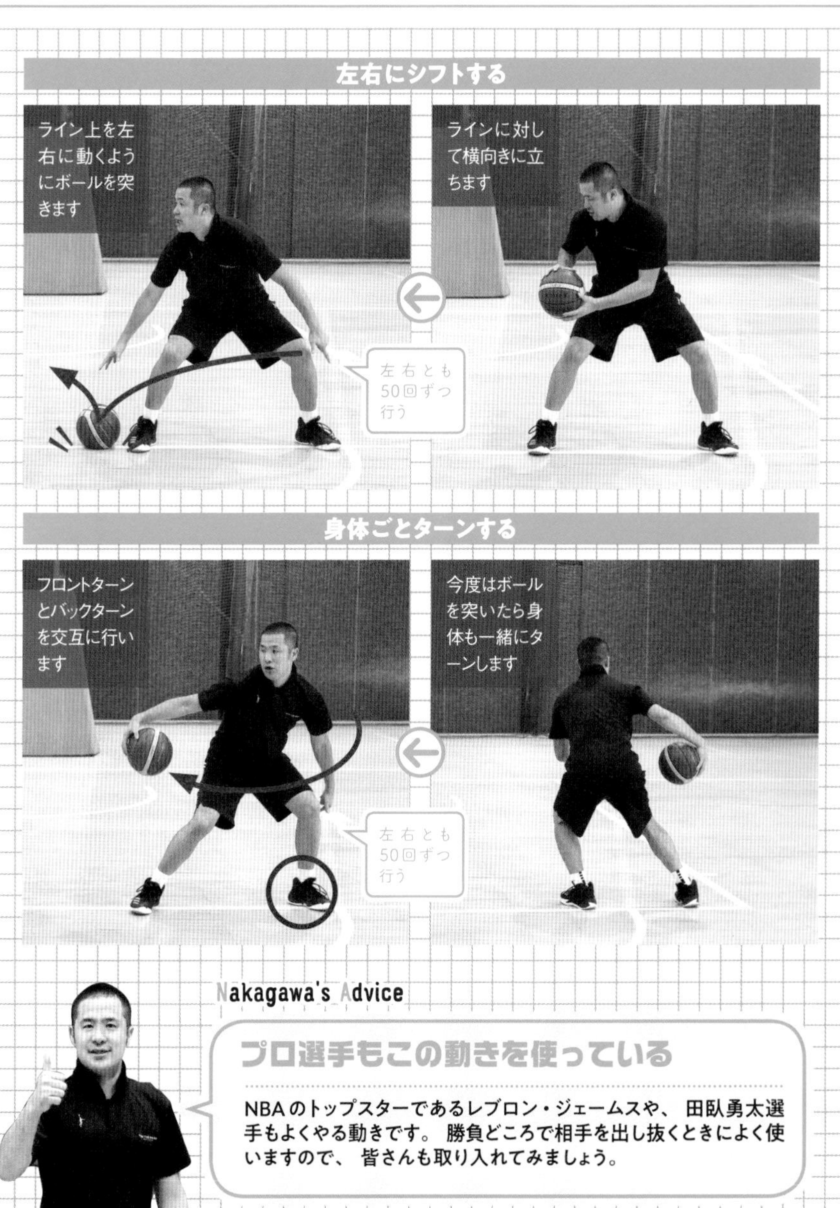

左右にシフトする
ライン上を左右に動くようにボールを突きます
ラインに対して横向きに立ちます
左右とも50回ずつ行う
身体ごとターンする
フロントターンとバックターンを交互に行います
今度はボールを突いたら身体も一緒にターンします
左右とも50回ずつ行う

Nakagawa's Advice

プロ選手もこの動きを使っている

NBAのトップスターであるレブロン・ジェームスや、田臥勇太選手もよくやる動きです。勝負どころで相手を出し抜くときによく使いますので、皆さんも取り入れてみましょう。

ドリブル

2人1組のダブルハンドドリブル

POINT

ペアの指示でドリブル

ペアを鏡に見立て、ペアの動きを真似します

CHECK
ペアの指示の例
- 両手を同じ高さ
- 右手と左手で高さを変える
- 体の向きを左右に変える
- 左右でスピードを変える など

ペアを鏡に見立てて両手でドリブル

1人でドリブルの練習をすることも大事ですが、自分なりのパターンやクセが出てしまうのも事実です。このドリルでは、ペアの指示に合わせてドリブルの高さや速さを変えるため、かなりの負荷がかかりますが、その負荷が自分にそれまでなかったムーブの習得につながります。また、ペアを見続けることで視野を広げる効果も得られます。

動画はコチラ

DRILL

指示を出すペアは鏡に写った自分

ペアが指示した課題をクリアしていきます。ペアを鏡に写った自分だと思い、常にペアを見ながら指示されたドリブルをします。

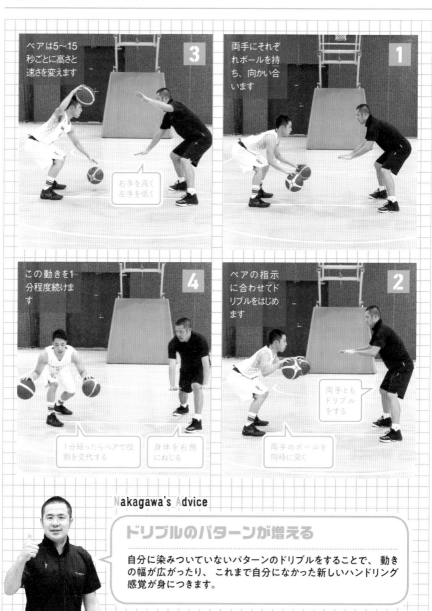

1 両手にそれぞれボールを持ち、向かい合います

2 ペアの指示に合わせてドリブルをはじめます

両手ともドリブルをする

両手のボールを同時に突く

3 ペアは5～15秒ごとに高さと速さを変えます

右手を高く左手を低く

4 この動きを1分程度続けます

1分経ったらペアで役割を交代する

身体を右側にねじる

Nakagawa's Advice

ドリブルのパターンが増える

自分に染みついていないパターンのドリブルをすることで、動きの幅が広がったり、これまで自分になかった新しいハンドリング感覚が身につきます。

ドリブル

負荷の高い2人1組のダブルハンドドリブル

ペアからのハイレベルな指示が両手ドリブル

ドリル26のベーシックな動きを覚えたら、さらに負荷を高めたバリエーション練習に挑戦しましょう。1つ目はペアが手を上げたらパスを出し、上の③から⑥のいずれかの動きをします。

2つ目は前に進みながら行います。前に進みながら行うドリルは動きが少し複雑になりますので、はじめに動きを理解してから行ってください。

動画はコチラ

POINT

前に進むバリエーションの動き

①～⑥の順番でドリブルをしながら前に進みます

CHECK

動きの流れ

①ペアが左右どちらかの手を上げる
②手を上げたほうのボールをトスする
③手元にあるボールでフロントチェンジをする
④レッグスルーをする
⑤ビハインドをする
⑥ペアはボールを返し、再び両手でボールを突きながら前に進む
この動きを繰り返す

DRILL

失敗を恐れずに挑戦

ドリルをしながらいろいろな動きをする必要があります。当然失敗することもありますが、失敗を恐れずにやってみましょう。

ペアが手を上げたらパスをしてレッグスルー

向かい合って立ち、両手でドリブルをはじめます

ペアが手を上げたらパスをしていろいろな動きを入れます

この動きを30秒~1分ほど繰り返し、終わったら役割を交代します

前に進みながらダブルハンドドリブル

1 サイドラインからスタート。両手ドリブルをします

2 ペアが手を上げたらトスをし、その場で3つのムーブをします

3つのムーブとは、「フロントチェンジ」「レッグスルー」「ビハインド」のこと

3 3つのムーブを終えたらペアはボールを返します

4 この動きを繰り返しながら反対のサイドラインまで進みます

BASKETBALL
自主練
28

ドリブル

相手を出し抜く3つのフロントチェンジ

P OINT

緩急をつけて相手を置き去りにする

例えばクイックで動きを変えて出し抜き、シュートに持ち込みます

フロントチェンジの使い方を増やす

ここではドリブルのテクニックであるフロントチェンジのパターンと具体的な使い方の例を紹介します。

相手を出し抜くためにぜひ取り組んでほしいのは、3つのフロントチェンジのパターンです。3つのパターンはクイック（コンパクト）、ワイド、そしてフロートになります。これらのテクニックを磨くと、最小限のドリブルでシュートに持ち込めます。

動画はコチラ

DRILL

3つの駆け引きのバリエーションができる

フロントチェンジ1つとっても、いろいろなバリエーションがあります。この3つを覚えるだけで、駆け引きのパターンが増えます。

クイックなフロントチェンジ

ミスを恐れずにしっかりと強く突きます

ヘッドアップして細かく突きます

30秒~1分ほど繰り返す

ワイドなフロントチェンジ

相手を左右に引っ張るときに有効になります

ボールを手の端から端までワイドに動かして突きます

30秒~1分ほど繰り返す

フットワークを加えたフロントチェンジ(フロート)

大きく動くことで、ディフェンスを揺さぶることができます

身体を浮かせながら左右に大きく動きます

30秒~1分ほど繰り返す

BASKETBALL
自主練
29

ドリブル

相手に脅威を与える4つのレッグスルー

連続レッグスルー

股の下にボールを通します

リズムを変えながら連続で行います

身体の前側にもボールを通す

股の下を通します

身体の前を通します。この動きを繰り返します

身体ごと前に動かす

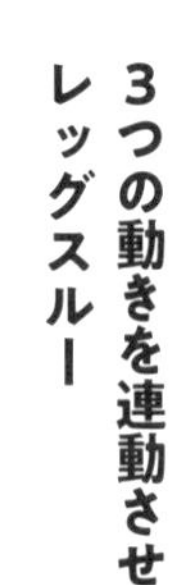
3つの動きを連動させて
レッグスルー

バスケットボールのドリブルは「ボディ（身体）」、「ボール」、「アイズ（目線）」という3つの動きが連動することが大切です。この3つが連動することで、1つひとつの動きが相手にとって脅威になります。

ここではいろいろなムーブと組み合わせることができ、1対1のスキルを強化できる4つのレッグスルーを紹介します。

動画はコチラ

8の字を描く
右回りと左回りを1セットにして繰り返します
脚の下で8の字を描くようにボールを通します
コンビネーション
一瞬でレッグスルーをし、相手を出し抜きます
ポケットにボールを収めます

Nakagawa's Advice

ディフェンスを想定してイメージをふくらませる

ボールをポケットに収めてから、レッグスルーをし、いろいろなドリブルテクニックに移ります。イマジネーションとセットでディフェンスを想定しながらトライしましょう。

BASKETBALL
自主練
30

ドリブル

ライン上を前後にドリブル

ラインを這うように進む

フリースローの延長線上の角（エルボー）から反対側の角までの距離を使います。このライン沿いを這うようにドリブルをします。

ボールを高く突くというよりは、シンプルにタップする感じで突きながら前に進み、反対側の角に着いたら後ろ向きで戻ります。反対側のオフハンドはボールを守るように構えておきましょう。これを2、3往復します。

動画はコチラ

POINT

ドリブルの超基本を確認

ボールをこねずにまっすぐに突きます

CHECK
低いドリブルでまっすぐ丁寧に進みます。姿勢がブレずにしっかりとキープできていることが大切です

まっすぐに進めない

まっすぐに進めない場合はボールをこねてしまっている可能性があります

クイックにコンパクトに動く

このドリルは意外と難しい動きです。ヒジから下の感覚で強くボールを扱い、慣れてきたらよりクイックに、コンパクトに強く。

1 エルボーの片側に立ちます

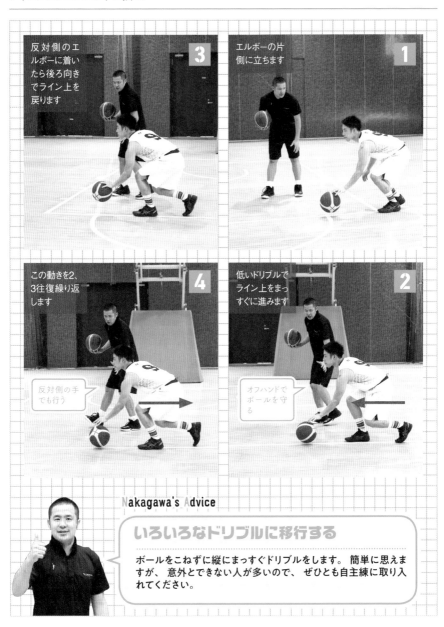

2 低いドリブルでライン上をまっすぐに進みます

オフハンドでボールを守る

3 反対側のエルボーに着いたら後ろ向きでライン上を戻ります

4 この動きを2、3往復繰り返します

反対側の手でも行う

Nakagawa's Advice

いろいろなドリブルに移行する

ボールをこねずに縦にまっすぐドリブルをします。 簡単に思えますが、 意外とできない人が多いので、 ぜひとも自主練に取り入れてください。

BASKETBALL
自主練
31

ドリブル

15秒サーキットドリブル①
シングルハンドドリブル

POINT **基本要素を意識して行う**

パワーポジション、ルックアップ、強く速くなど、基本を意識します

☑CHECK
15秒間、できるだけ強く速くボールを突く

短時間に集中して突く

このドリルではゲームで使ういろいろなドリブルを15秒で区切り、ファンダメンタルを強化していきます。

1つひとつのムーブはすでにやっている動きだと思いますが、連続して行うことで、より耐久力と実戦に近いコンディションを作っていきます。時間が短いドリルですから、しっかりと集中してトライしましょう。

動画はコチラ

3種のドリブルを繰り返す

まずはシングルハンドのドリブルです。フロントチェンジ、8の字、ビハインドを15秒ずつ行い、これを何セットか繰り返します。

フロントチェンジを15秒

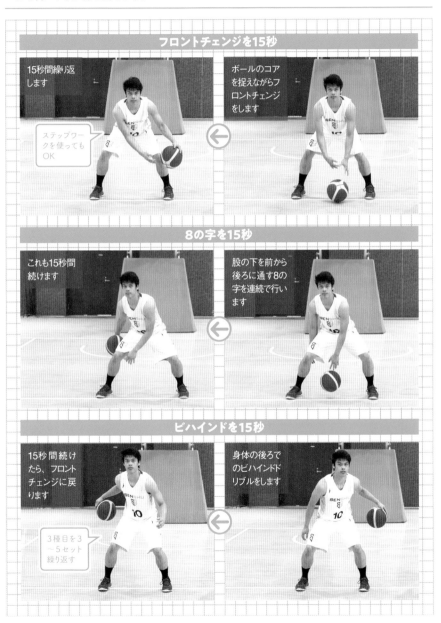

ボールのコアを捉えながらフロントチェンジをします

15秒間繰り返します

ステップワークを使ってもOK

8の字を15秒

股の下を前から後ろに通す8の字を連続で行います

これも15秒間続けます

ビハインドを15秒

身体の後ろでのビハインドドリブルをします

15秒間続けたら、フロントチェンジに戻ります

3種目を3～5セット繰り返す

15秒サーキットドリブル②
ダブルハンドドリブル

動画はコチラ

POINT **自分と向き合い強く速く突く**

しんどいときほど、強く速く突いていきましょう

CHECK
パワーポジション、ルックアップも忘れない

両手でそれぞれドリブル

ドリル31に続けて行うドリルです。両手にそれぞれボールを持って強く突きます。ここでは代表的な3つのドリブルムーブを紹介しますが、自分が得意なドリブルなども加えてアレンジしてみましょう。

連続して行っていると腕がしんどくなってきますが、このしんどさが自分のスキルを上げてくれます。1つひとつは短時間ですから、集中して行いましょう。

ダブルハンドでドリブルを繰り返す

ダブルハンドのドリブルでは、ノーマル、インアウトチェンジ、インサイドアウトの3つを5秒ずつ行い、これを何セットか繰り返します。

ノーマルのダブルハンドを15秒

両手にボールを持ってドリブルをします

同じタイミングで突いたり、交互に突いたりします

インアウトチェンジを交互に15秒

強い姿勢を作って内側、外側に左右交互に突きます

ヒジの下にかかる負荷に負けないように!

インサイドアウトを15秒

ねじれの動きを使って巻き込むように突きます

これらを15秒ずつ繰り返し、2~3セット行います

ドリル31と連続して行う

ジム・ジョーンズドリル①
ジャブからのアタック

POINT

コーンを使う

写真のように5つのコーンを並べます

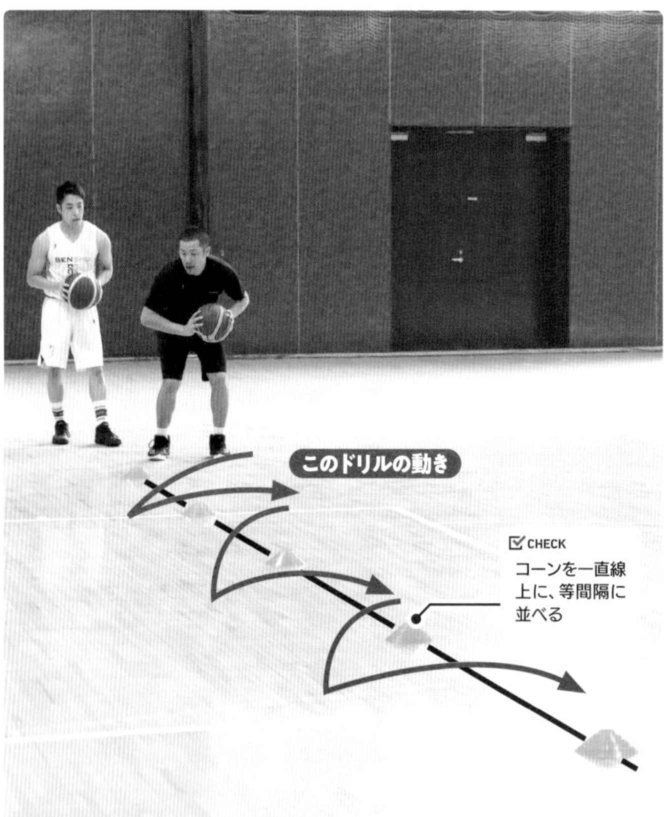
このドリルの動き
CHECK
コーンを一直線上に、等間隔に並べる

動きだしの爆発力を養う

ここからはしっかりと動きながら行う、実戦に即したドリブルドリルを紹介します。縦に5つのコーンを並べて行います。

大切なポイントは、しっかり止まることと、止まってから動き出すときの爆発力です。スピードに緩急をつけて相手を出し抜く、一瞬の爆発的な動きを意識して行っていきます。声を出すことで出力を上げるのもよいでしょう。

動画はコチラ

DRILL

ドリブルからコーン前でジャブ

左手でドリブルプッシュをしていきます。コーンの前でドリブルジャブをして、最後はシュートまで持っていきます。

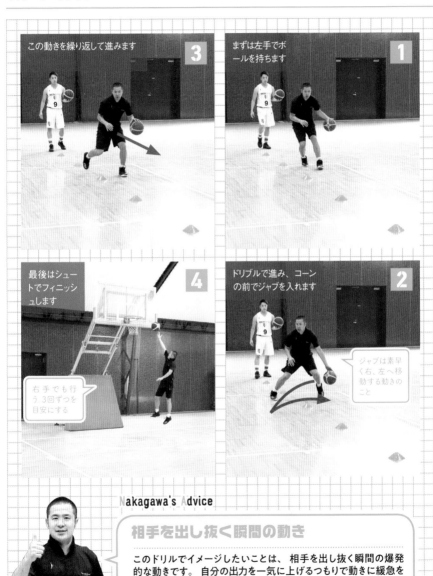

1
まずは左手でボールを持ちます

2
ドリブルで進み、コーンの前でジャブを入れます
ジャブは素早く右、左へ移動する動きのこと

3
この動きを繰り返して進みます

4
最後はシュートでフィニッシュします
右手でも行う 3回ずつを目安にする

Nakagawa's Advice

相手を出し抜く瞬間の動き

このドリルでイメージしたいことは、 相手を出し抜く瞬間の爆発的な動きです。 自分の出力を一気に上げるつもりで動きに緩急をつけましょう。

BASKETBALL
自主練
34

ドリブル

ジム・ジョーンズドリル②
リトリートからのアタック

動画はコチラ

安全な場所に移動するリトリートの動き

これもとても大切なドリブルのムーブです。1個1個のコーンに対してしっかりとドリブルプッシュをし、コーンの前にきたらコーンに近いほうの脚でキックをして下がります。そしてフロントチェンジでレーンを変えます。なかでも後ろに下がる動き（リトリート）は、アタックを止められたときに下がる場合など、ゲームでも本当に必要な動きになります。

POINT

オフハンドも意識する

オフハンドはディフェンスをイメージしてボールを守ります

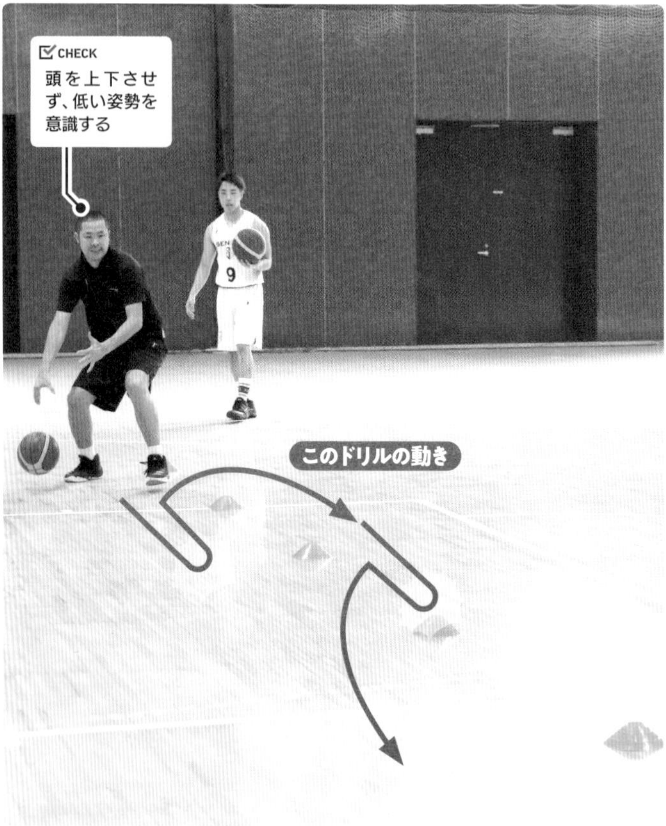

CHECK
頭を上下させず、低い姿勢を意識する

このドリルの動き

DRILL

ギャップを作ってから抜き去る

相手に止められたらリトリートをし、ギャップを作って安全な場所にポジショニングします。そして相手が詰めてきたらドライブで抜きます。

1
左手でボールを持ち、
ドリブルプッシュします

2
コーン側の脚で蹴ってリ
トリートします
オフハンドで
ボールを守る

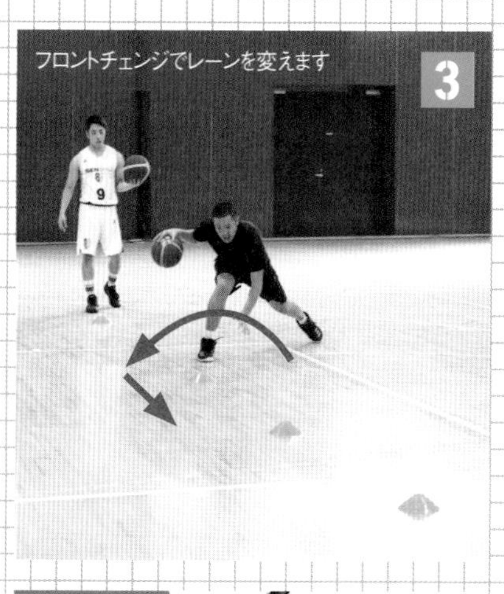
3
フロントチェンジでレーンを変えます

4
最後はシュー
トで終えます
右手でも行
う。3回ずつを
目安にする

Nakagawa's Advice

全力以上の爆発力を出す

慣れてきたら極端にやりましょう。 100%ではなく120%や気持ち的には200%というくらい、 緩急を意識して行います。 しっかりと動きを爆発させましょう。

BASKETBALL
自主練
35

ドリブル

ジム・ジョーンズドリル③ リトリートからシフトドリブル

動画はコチラ

爆発的な動きを身につける

このドリルもリトリートからの爆発的な動きを身につけることが目的です。ドリブルプッシュからコーンに近いほうの脚でリトリートするまではドリル34と同じですが、レーンを変えるときにフロントチェンジではなくシフトドリブルを使います。

リトリートからシフトドリブル、そして最後はシュートで終わります。

POINT

クロスステップで身体を入れる

ドリブルと脚を一緒に反対側に移します

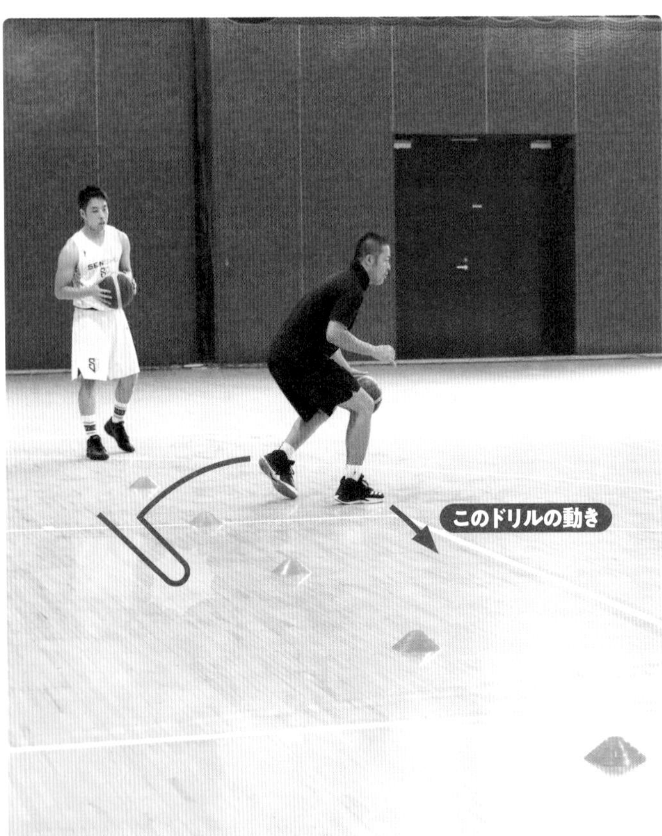
このドリルの動き

DRILL

緩急の変化をつける

クロスステップでシフトチェンジを入れます。相手を抜き去るためには、緩急をつけて、一気にボールの位置を変えられるようになりましょう。

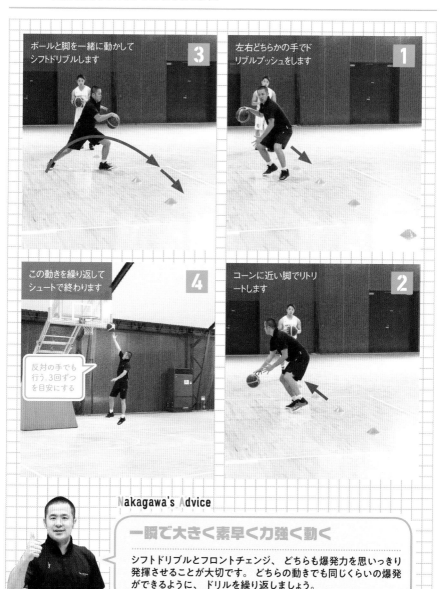

1
左右どちらかの手でドリブルプッシュをします
2
コーンに近い脚でリトリートします
3
ボールと脚を一緒に動かしてシフトドリブルします
4
この動きを繰り返してシュートで終わります
反対の手でも行う。3回ずつを目安にする

Nakagawa's Advice

一瞬で大きく素早く力強く動く

シフトドリブルとフロントチェンジ、どちらも爆発力を思いっきり発揮させることが大切です。どちらの動きでも同じくらいの爆発ができるように、ドリルを繰り返しましょう。

ドリブル

3Pラインからドライブ、リトリートしてリングを向く

動画はコチラ

リトリートから一気に攻めに転じる

ドリブルプッシュからのリトリートを連続して行うおすすめのドリルです。コーナーからはじめ、3Pエリアをなぞるように動きます。コーナーからミドルラインドライブを仕掛けてから、ディフェンスに近いほうの脚でリトリートします。そこから一度リングに正対してステップをします。側面を見せた状態から一気に攻めに転じる動きを繰り返しましょう。

コーナーをなぞるように動く

コーナーから下の図のように動きます

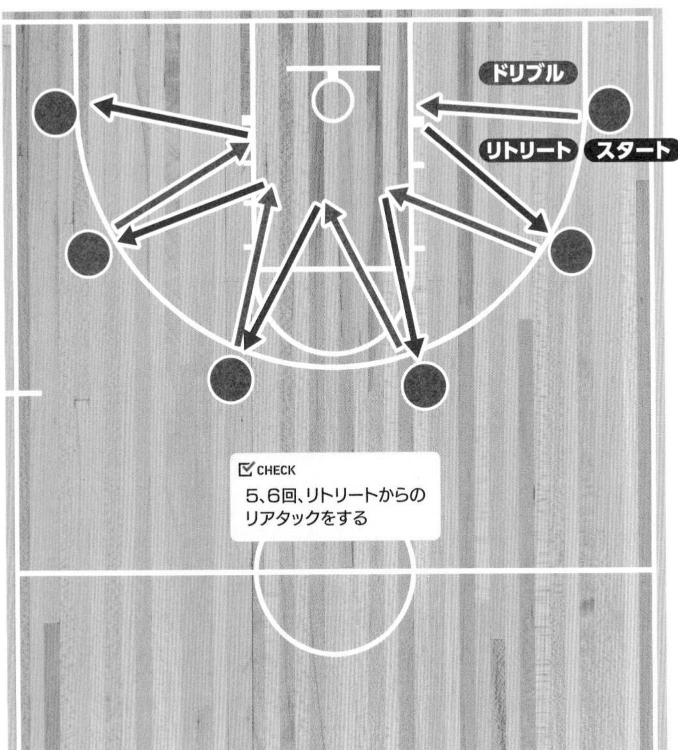
ドリブル
リトリート
スタート
CHECK
5、6回、リトリートからのリアタックをする

DRILL

左右どちらにでもステップできるように

リトリートから正対するステップでは、両脚を揃えてから左右どちらにでも動けるように、両脚に同じくらいの体重を乗せます。

1

ミドルラインドリブルで仕掛けます

2

ディフェンスに近いほうの脚でリトリートします

3

左右どちらにも行ける姿勢でステップをしてリングに正対します

4
この動きを繰り返す

再びミドルラインドリブルで仕掛けます

Nakagawa's Advice

ハードな中でも頭は一定の高さに

このドリルはハードなため、頭を上下させやすくなりますが、なるべく一定の高さをキープしましょう。またお尻の筋肉を使ってリトリートの距離をしっかりと出しましょう。

ドリブル

ランダムに並べたコーンでフィニッシュまで持ち込む

答えがない状況でイメージをふくらませる

10個のコーンをランダムに並べ、コーンをディフェンスに見立てます。この状況でイマジネーションを持ち、自分が持つスキルを総動員してシュートに持ち込みます。

一定のリズムや状況で練習することも大切ですが、答えがない状況で、自分でプレーイメージをふくらませていくことも非常に重要ですし、これがゲームでも活きてきます。

動画はコチラ

POINT

より実戦的な動きにつなげる

頭の回路（バスケ脳）を使ってスキルを組み合わせます

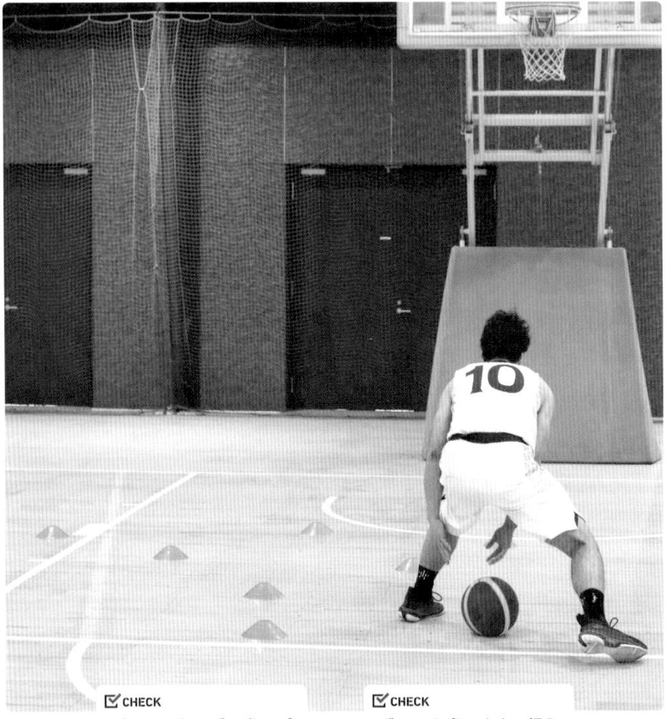

CHECK
パターン化せずに常にプレーを考える

CHECK
ボールを意のままに扱う感覚を強化する

DRILL

ドリブル練習の総仕上げ

より強く突いたり、よりクイックなステップをしたりと様々なバリエーションのムーブをしてフィニッシュに持ち込みます。

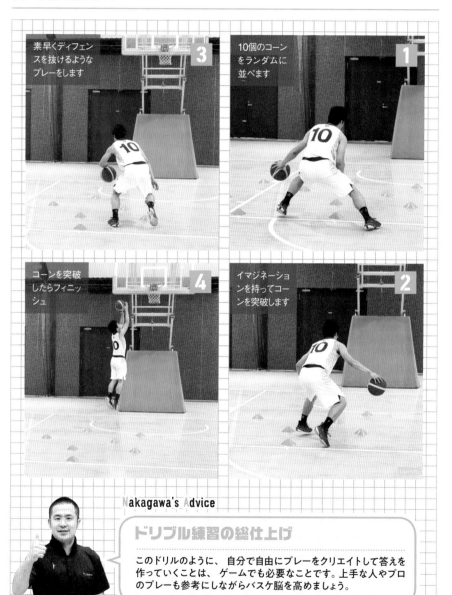

1 10個のコーンをランダムに並べます

2 イマジネーションを持ってコーンを突破します

3 素早くディフェンスを抜けるようなプレーをします

4 コーンを突破したらフィニッシュ

Nakagawa's Advice

ドリブル練習の総仕上げ

このドリルのように、自分で自由にプレーをクリエイトして答えを作っていくことは、ゲームでも必要なことです。上手な人やプロのプレーも参考にしながらバスケ脳を高めましょう。

ドリブル

フィジカル強化ジグザグドリブル

フィジカルコンタクトで負けない

身体がぶつかった状態でもしっかりと縦にボールを突きます

CHECK
相手と接触した状態でも足腰や体幹を安定させる

ボールをロストしてしまう

激しいコンタクトに慣れていないとボールをロストしやすくなります

フィジカルコンタクトを含めて練習する

いろいろなドリブルができても、ゲームではフィジカルで負けてしまうことがあります。バスケットボールはコンタクトスポーツですから、常にフィジカルコンタクトを想定し、コンタクトの要素が入ったドリルを行っておく必要があります。

しっかりとコンタクトした状態で利き手だけでなく反対の手でもドリブルができるようにしましょう。

動画はコチラ

DRILL

押し返して縦にドリブル

ペアにコンタクトを含めたディフェンスをしてもらいます。相手を押し返して、縦へのドリブルをしましょう。

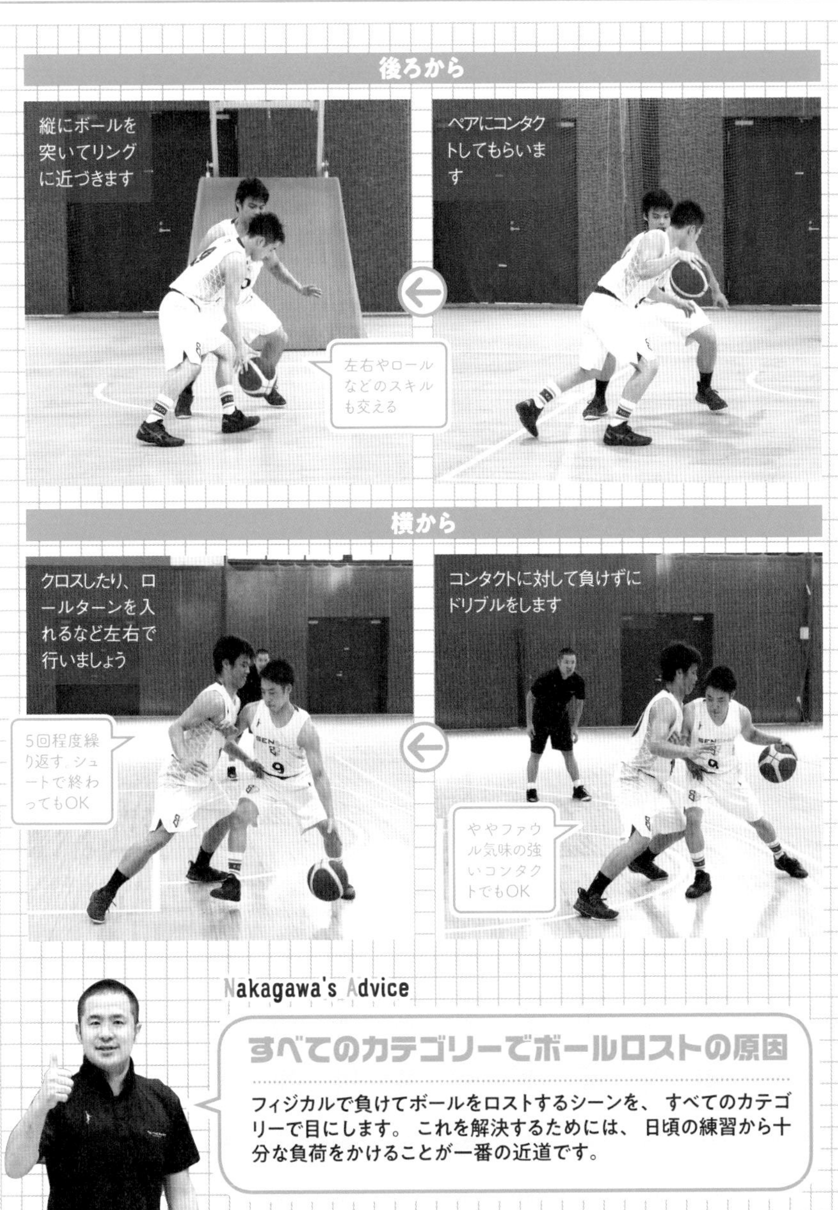
後ろから
縦にボールを突いてリングに近づきます
ペアにコンタクトしてもらいます
左右やロールなどのスキルも交える
横から
クロスしたり、ロールターンを入れるなど左右で行いましょう
コンタクトに対して負けずにドリブルをします
5回程度繰り返す。シュートで終わってもOK
ややファウル気味の強いコンタクトでもOK

Nakagawa's Advice

すべてのカテゴリーでボールロストの原因

フィジカルで負けてボールをロストするシーンを、すべてのカテゴリーで目にします。これを解決するためには、日頃の練習から十分な負荷をかけることが一番の近道です。

COLUMN

負ける相手じゃないチームに負けてしまう3つの理由

長いプレーヤー人生、苦い経験もたくさんしてきました。私のような失敗をしないために振り返ってみました。

理由①「アップ不足」

タラタラとアップをしたら、試合で息が上がり、ぜんぜん身体が動かない。序盤に主導権を握られ、そのまま敗退……。「セカンドウィンドを超えよう」という言葉があります。身体には運動に適切で安定した状態があり、試合前にはその状態にすることが大切という意味です。「アップからゲームは始まっている」これを痛感しました。

理由②「相手をナメてた」

「今まで負けたことがない」など、無意識に相手をナメていることがあります。次の試合を考えすぎて、目の前の試合で敗退とは情けない……。目の前の一戦一戦に集中して臨むことが大切です。

理由③「誰かが何とかしてくれる」

マズい状況で「誰かが何とかしてくれる」これもあるあるです。誰かじゃないんです。自分が変わり、主体的にアクションを起こしていきましょう。状況が劣勢であれば、DFFの圧力を強めるとか、オフェンスリバウンドに飛び込むとか、DFFからの切り返しで走るとか、声を出して雰囲気を作るとか。一段ギアを上げて自ら動いていきましょう!

後悔はいつも後からやってきます。悪くなる前に手を打ちましょう。

PART

4

ペイントシュート（爆発系・フィンガーロール）

10

BASKETBALL
自主練
39

シュート

球際に強くなるスティールドリル

全力でやりきる

全力でボールを奪い、できるだけ最速でシュートまで持ち込みます

ボールを奪い合う練習不足

日頃から練習をしていないとなかなかボールを奪えません

競り合いで負けない

ボールを競り合ったときに、自分のほうへ持ち込めないことがあります。このドリルの目的は、競り合いで負けないように球際に強くなることです。

ボールをがっちりキープしている相手からボールを奪う練習をすることで、ルーズボールを拾える確率も上がってきます。全力でボールを奪い、全速力でゴールへ向かってシュートに持ち込みましょう。

動画はコチラ

DRILL

全力でボールを奪い攻撃に転じる

ボールを持ったペアに対して全速力でダッシュをし、ボールを奪います。奪った後はドリブルからシュートに持ち込みます。

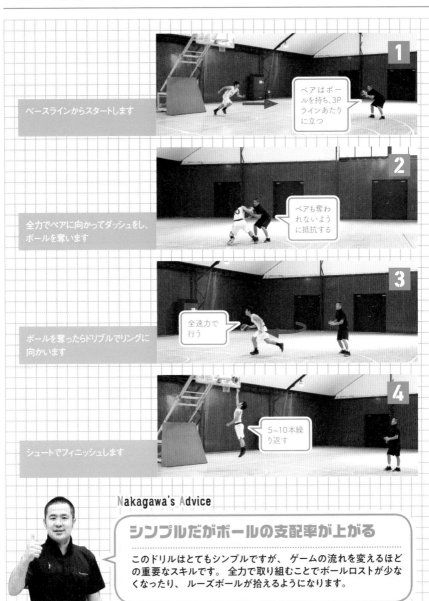

1 ベースラインからスタートします

ペアはボールを持ち、3Pラインあたりに立つ

2 全力でペアに向かってダッシュをし、ボールを奪います

ペアも奪われないように抵抗する

3 ボールを奪ったらドリブルでリングに向かいます

全速力で行う

4 シュートでフィニッシュします

5~10本繰り返す

Nakagawa's Advice

シンプルだがボールの支配率が上がる

このドリルはとてもシンプルですが、 ゲームの流れを変えるほどの重要なスキルです。 全力で取り組むことでボールロストが少なくなったり、 ルーズボールが拾えるようになります。

BASKETBALL
自主練
40

シュート

コートのセンターで行う爆発系イスドリル

複合的にスキルを強化できるおすすめドリル

ドライブの爆発的な初速を出したり、ディフェンスのフットワークにもつながるドリルです。やることは、とにかくボールを強く扱い、強いフィニッシュをすること。

一連の動きのなかで難しいのは、ハーキーステップで止まるときのバランスです。重心は後ろに7、前に3ぐらいのイメージで、前に突っ込みすぎないようにしましょう。

動画はコチラ

POINT

イスにボールを置く

3Pエリア付近に椅子とボールをセットします

CHECK
この距離はディフェンスで最長の距離に見立てて設定している
10

CHECK
動きの流れ
①ハーフラインからボールまでの距離の3分の2をスプリントダッシュ
②残りの距離はハーキーステップ
③ボールを捕ったらイスの脚よりも下でスイングする
④ドライブから両脚でジャンプしてシュート

DRILL

フィニッシュは両脚でシュート

フィニッシュでは身体が流れないように上に飛びます。しっかり飛ぶためにも、ヒザに負荷をかけないためにも、必ず両脚で飛びましょう。

1
頭の位置は上下させない
ボールに向かってスプリントダッシュをします

2
体重配分を調整してバランスを崩さないようにする
ハーキーステップに切り替えます

3
ボールを捕ってスイングします

4
この動きを繰り返す
ドライブから両脚で飛んでシュートでフィニッシュです

Nakagawa's Advice

複合的にスキルアップができる

海外でプレー経験のある弟の和之がアメリカから持ち込んだドリルで、 バスケットのいろいろな要素を包含しています。 私も実業団時代によくやり、 かなりの成果につながりました。

コーナー側から行う爆発系イスドリル

POINT

コーナー側にイスを置く

3Pシュートが打てる位置にボールとイスをセットします

低い姿勢で一連の動作を行う

イスをコーナー際の3Pラインあたりにセットします。動きはイスに向かってスプリントダッシュから、クローズアウト→ミドルラインドライブ→シュートと展開します。

ボールを捕った後のスイングですが、ビッグマンなどが触れないくらい低い位置で行うことでボールを奪われにくくなり、アタックまで持ち込める確率が高くなります。

動画はコチラ

ディフェンスをかいくぐるための低さを得る

お尻の筋肉をしっかりと使って低いところでボールを動かします。特にプレー中に姿勢が高い選手は、低さを意識してやりましょう。

1
低い姿勢を
キープする

ボールに向かってスプリントダッシュをします

2

残り3分の1くらいからクローズドアウト

3
お尻の筋肉を使って
できるだけ低いところ
でボールを動かす

ボールを捕ってスイングします

4
反対側のラインからも行う。この動きを繰り返す

ドライブから両脚で飛んでシュートでフィニッシュ

Nakagawa's Advice

本場で結果を出すために生まれたドリル

海外の選手はとても屈強です。 和之は、 圧倒的なパワーに対応するため、 このドリルを開発したそうです。 その結果、 海外の独立リーグ(ABA)でオールスターにも選出されました。

BASKETBALL
自主練
42

シュート

ベースラインから行う爆発系イスドリル

POINT

トップにイスをセット

慣れてきたら45度付近やコーナーにセットして行いましょう

1つひとつの動きを丁寧に行う

次はトップのところに、ゴール側に向けてイスとボールをセットします。スタートはベースラインで、動きの流れはスプリントダッシュからクローズアウト、ボールを持ったらリバースターンでドライブをし、最後はロールターンをしてからフィンガーロールで終えます。

実戦で活きるいろいろな要素が含まれたドリルです。

動画はコチラ

DRILL

フィンガーロールを磨く

シュートはいろいろなバリエーションが考えられますが、基本となるフィンガーロールをとにかく練習しましょう。

1

スプリントダッシュからクローズアウトします

2

ボールを持ったらリバースターンでドライブします

3

ロールターンを入れます

4
イスをセットする場所を変えて繰り返す

フィンガーロールでフィニッシュします

Nakagawa's Advice

フットワークも身につけられる

これはオフェンスの爆発系ドリルですが、 ハーキーステップや低い姿勢など、 しっかりと動き回れるフットワークも身につけられます。

BASKETBALL
自主練
43

シュート

ボードにボールを当ててすぐにシュート

安定して着地し高く飛ぶ

ゴール下の脚力とシュートフィニッシュ力を強化できるドリルです。

ゴール下で起こる「リバウンドを捕り、踏み込んでシュート（セカンドシュート）」という一連の流れをスムーズに行います。大切なのは高く飛ぶことと安定した着地の動作です。着地ではしっかりと自分の身体をコントロールしてストップしましょう。

動画はコチラ

POINT

ボールを床につける

両手でボールを床につけて安定したストップの姿勢を作ります

CHECK
お尻を引き、骨盤をたたむようにして低い姿勢を作る

DRILL

お尻の筋肉を伸展させて高く飛ぶ

骨盤をたたむようにして床にボールをついたら、お尻の筋肉を伸展させてすぐに飛び上がります。お尻の筋爆発で高く飛びましょう。

1
ボードに向かってボールを投げます

2
リバウンドを捕ります

3
骨盤をたたんで床にボールをつけます
お尻の筋肉を緊張させてすぐに飛び上がれるようにする

4
素早く高く飛んでシュートを放ちます
この動きを5回ほど繰り返す。逆サイドでも行う

Nakagawa's Advice

ワンフェイクを入れてシュート

このドリルのバリエーションで、ボードにボールを当てたらフェイクを入れます。この時にバランスを崩さないようにし、安定した姿勢でシュートに行きましょう。

BASKETBALL
自主練
44

シュート

スプリットステップからドライブ

動画はコチラ

POINT

ディフェンスをイメージしてスプリット

ボールをもらう前にディフェンスとの間合いや動きを想定しておきます

CHECK
空間を把握し、次のプレーを想定する

ボールを捕ると同時にスプリットステップをします

ディフェンスを動かすステップ

ゲームではボールをもらってから次のムーブを考えていたら、判断が遅れてしまいます。このドリルでは、ボールをもらう前に次のプレーを想定し、準備をすることを習慣化します。またキャッチと同時に動き出しができるように、スプリットステップを強化します。

とても地味なドリルですが、その分確実にプレーのレベルを上げられます。

DRILL

バウンズパスを捕ってスプリットステップ

シンプルなドリルですが、この動作や思考をしっかり練習しておくと、実際のゲームでも使えるようになります。

縦のライン上を目安に進む

1 縦のラインを使います

2 バックスピンをかけて自分に返ってくるパスを出します

3 スプリットステップでミートします

ミートする前はディフェンスとの間合いや状況をイメージしておく

4 反対側も同じように行います

3回ほど繰り返す

シュートでフィニッシュする

リングに向かって同じように行います

3回ほどスプリットステップをし、シュートでフィニッシュします

左右それぞれでシュートを放つ

BASKETBALL
自主練
45

シュート

スプリットステップから逆に切り返す

POINT

お尻の筋肉の伸展でステップを爆発させる

主導権を握ることで有利な展開を仕掛けられます

ディフェンスを動かすステップ

ドリル44の別バージョンです。ミートで相手をずらしたら、そこから逆方向に切り返します。しっかりと骨盤をスライドさせたり、お尻の筋肉の伸展を使ってステップの動きを爆発させます。そうすることで、ボールをもらってから相手に対しての主導権を握ることができ、自分が得意な1対1を仕掛けていくことができます。

動画はコチラ

DRILL

レーンを変えてからさらに変える

ドリル44では、ディフェンスに対してレーン（コース取り）を変えますが、このドリルはそこからさらに逆方向に切り返します。

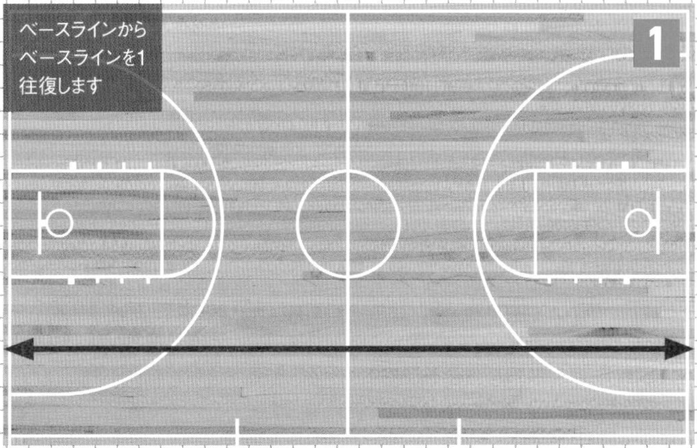

1 ベースラインからベースラインを1往復します

2 自分へのトスからスプリットステップでレーンを変えます

3 さらに逆方向に切り返します

4 この動きを繰り返してシュートで終えます

Nakagawa's Advice

ステップワークとボールのもらい方を強化

ステップワークとボールのもらい方を強化することで、 かなりファンダメンタルの整ったプレイヤーになれます。 このような基礎をおざなりにせず、 しっかり高めていきましょう。

BASKETBALL
自主練
46

シュート

ゲームで使うシュートの集中練習

動画はコチラ

ディフェンスを動かすステップ

ここではゲームで使うシューティングを、できるだけ鮮明にイメージしながら練習します。

練習では入るのに、ゲームではシュートが入らないことがあります。その原因の1つが、ゲームで使うスポット（エリア）でシュートを打つ練習が少ないことです。そのスポットからのディフェンスを交わす動きも含めたシュート練習を繰り返し行いましょう。

POINT

ゲームのシチュエーションを完全にシミュレーションする

自主練習の時間で徹底的に反復する

CHECK
ジャブからのシュート、バックしてからシュートなど、試合と同じシチュエーションをイメージして行う

NG

ゲームでシュートが入らない

実際のゲームでシュートを打つスポットでの練習が足りません

DEFENSE!!
REBOUND!!
TEAM

DRILL

実戦をどこまで意識できるかがポイント

PGだった私は左側からのターンシュート(バンクシュート)でスコアすることが多かったため、そのスポットでの練習をよくしました。

1
私がやっていたイメージ例を紹介します

2
ボールを受けてからしっかりとポストアップします

3
ボディフェイクからターンをしてディフェンスを外します

4
フリーの時間を作ってシュートを放ちます
このようにできるだけリアルなシミュレーションをします

Nakagawa's Advice

NBA選手たちも黙々と行うドリル

NBAのキャンプを見に行った時、選手1人ひとりにシューティングのトレーナーやコーチがついていました。そしてゲームで使うシュートに特化し、黙々と練習していたことを覚えています。

BASKETBALL
自主練
47

シュート

ボール感覚を磨くリラックスシュートドリル

動画はコチラ

リラックスしながらボールの中心を捉える

私がよく練習前にやっていたシュートドリルがあります。ドリルといってもリラックスして気楽にやるものです。

私がいつも意識しているのは、レイアップやランニングシュートに持っていくときに、しっかりとボールの中心を捉えることです。それができていると、思ったところにシュートを放ち、決めることができます。

POINT

気を張らずにリラックスしてシュート

左右それぞれの手でボールの中心を扱います

DRILL

自分の感覚頼りにリラックスして行う

このドリルを事前にやっておくと、ボールが手に収まる感覚がつかめ、よいイメージでゲームや練習に入っていけます。

1 リラックスしてレイアップシュート

2 リラックスしてターンからシュート

3 シュート前のワンアクションを入れたりします

4 利き手だけでなく反対側の手でもシュートを放ちます

Nakagawa's Advice

自分の感覚と対話しながら行う

このようなドリルは自分の感覚的な内容になります。 そのため自分としっかり対話ができるように、 日ごろからよいイメージを作りながらプレーしましょう。

BASKETBALL
自主練
48

シュート

ゴール下負荷ドリル

動画はコチラ

上から押さえて負荷をかける

シュート体勢に入ったらペアが両肩に手を乗せます

CHECK
押さえる力で負荷を調節する

上から押さえる力を跳ねのけてシュート

ペアで行います。ゴール下で激しいフィジカルコンタクトがあるなかでも、しっかりとシュートを決めきる力が養えます。ペアの負荷はカテゴリーやスキルのレベルによって調節しますが、横から相手を押すとケガなどのリスクがあるため、基本的には上から押さえるようにしてください。シュートが落ちても入るまでプレーを続けましょう。

DRILL

プレーを素早くつなぐ

プレーのつなぎをとにかく速くします。シュートが外れた場合はすぐにリバウンドを捕り、シュートが入るまで続けます。

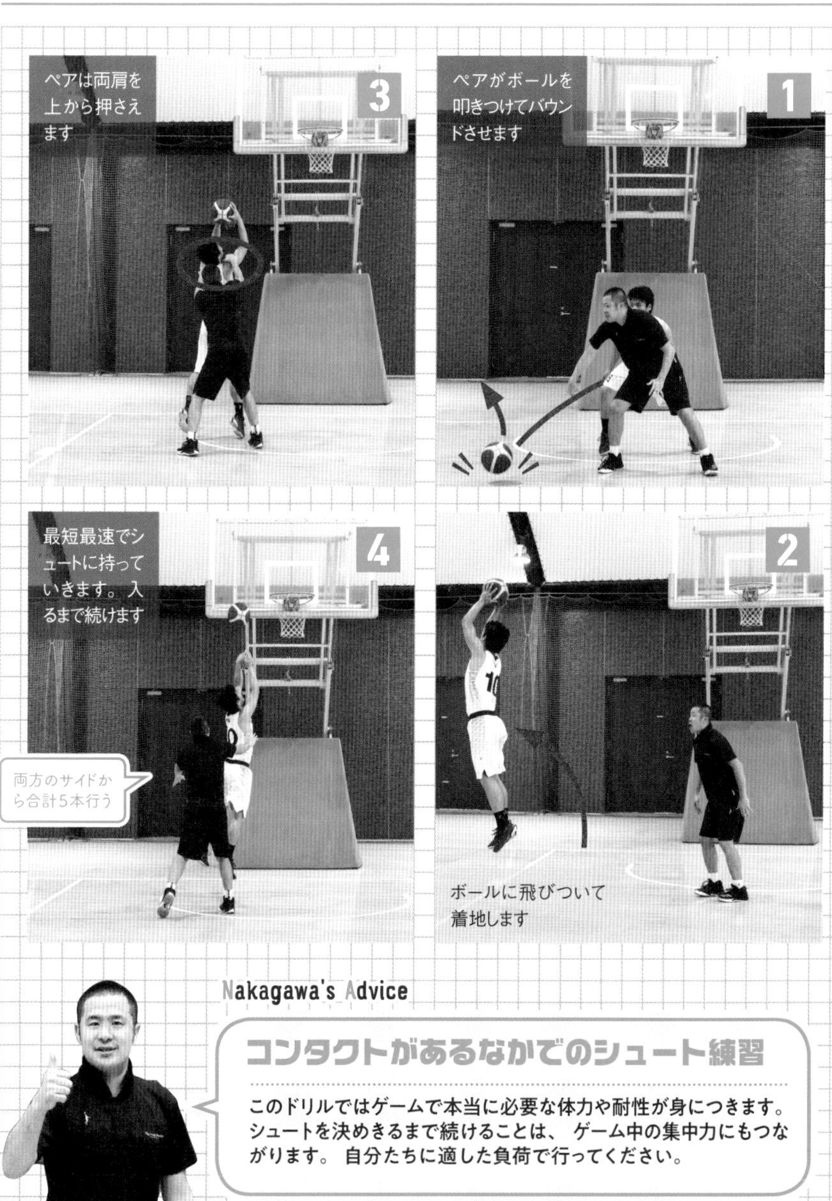
1
ペアがボールを叩きつけてバウンドさせます
2
ボールに飛びついて着地します
3
ペアは両肩を上から押さえます
4
最短最速でシュートに持っていきます。入るまで続けます
両方のサイドから合計5本行う
Nakagawa's Advice
コンタクトがあるなかでのシュート練習
このドリルではゲームで本当に必要な体力や耐性が身につきます。シュートを決めきるまで続けることは、ゲーム中の集中力にもつながります。自分たちに適した負荷で行ってください。

COLUMN

弱いメンタルを克服できたわけ

「お前と組むの、マジやりにくいわ…」。ミスが多かった私が大学1年の時に言われた言葉で、思いきりヘコみました。弟の和之も「何しよんか!」と容赦なく僕のミスを煽ってきました。

振り返ると、この頃の自分に足りなかったのは、精神的な要素でした。試合にビビってしまい、地に足がつかず、ふわふわしていたのです。

当然ですが、いきなりこの問題が解決することはありません。僕は自分に足りないものを分析しながら、じっくりと補完していきました。

必要なドリブルスキルやプレッシャーリリースの仕方を身につけるうちに、強化されていったのはスキル以上にメンタルでした。つまり「自信」がついたのです。「ここまで練習したら大丈夫!」「こうすれば上手くいく!」というポジティブな思考を持てるようになり、問題が解決しました。

何度も上手くいった成功体験が自信となり、心に安心感が生まれ、コートでまわりの選手がよく見えるようになりました。そして一気にチームメイトからも信頼されるようになりました。メンタルが向上したことでバスケットの世界が一気に好転していったのです。

本当に不思議です。

「バスケットはメンタルで決まる!」。結果として練習に注いだエネルギーがメンタルを鍛えてくれ、思いきりレバレッジ（てこの原理）が利いてくるものです。

PART 5

ロングシュートを決める

BASKETBALL
自主練
49

ロングシュート

強く送り出してシュートをまっすぐに飛ばす

リラックスしながらボールのコアを捉える

シュートがまっすぐに飛ばなかったり、リングに届かないなどの悩みがある場合に有効なドリルです。

これらの原因としてよくあるのが、ボールを放つときにうまくコアを捉えられず、すっぽ抜けたような投げ方になってしまっていることです。この現象を解消するために、シュート前にボールのコアを捉えるドリルを行って、よい感覚を得ましょう。

動画はコチラ

POINT ボールのコアを捉えて放つ

コアを捉えると軌道が安定します

CHECK
軌道だけでなくコントロールもよくなる

NG

ボールのコアが捉えられない

まっすぐに飛ばない、届かないなどのエラーが起きやすくなります

DRILL

強くボールを送り出すパス

シュートの前にボールを強く送り出すパスを繰り返します。強く放つことで、ボールのコアを捉える感覚が得られます。

1 壁を使って1人で行っても、ペアになってもOKです

2 この動きでボールのコアを捉える感覚をつかむ

何回か強くボールを送り出すようにパスをします

3 何回かパスをしたらシュートに戻ります

4 シュートの精度を上げることができます

Nakagawa's Advice

スランプ時にもおすすめ

ボールのコアを捉える感覚はとても大事です。日ごろから強くボールを送り出す感覚を意識しておきましょう。スランプの解消に有効なドリルです。

ロングシュート

プレッシャーに強くなるシュートドリル

POINT プレッシャーがある状態でのシューティング

1人での練習でもこのような状況をイメージします

CHECK
ストレスフリーとプレッシャー下での練習を使い分ける

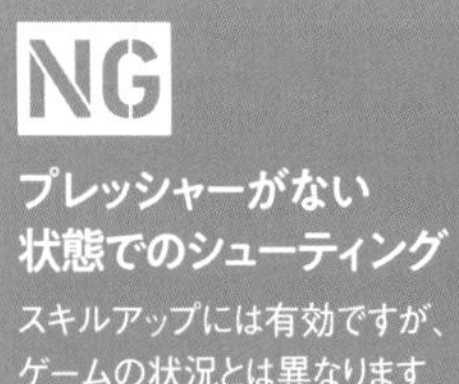

NG プレッシャーがない状態でのシューティング

スキルアップには有効ですが、ゲームの状況とは異なります

動画はコチラ

プレッシャーのかかる状況を作る

ゲームでも使えるシューティングを覚えるときに、1つ意識しておきたいポイントを紹介します。

皆さん、ディフェンスがいないオープンな状態でのシューティング練習はよくやっていると思いますが、ゲームでは、ここまで簡単にシュートをさせてもらう状況はまずありません。ゲームに似たプレッシャーを自分にかけた状態でシューティングを練習しましょう。

DRILL

プレッシャーは自分との戦い

このドリルでは、相手のシュートチェックを想定し、そのプレッシャーに負けないよう、自分自身でイメージしながら練習をしましょう。

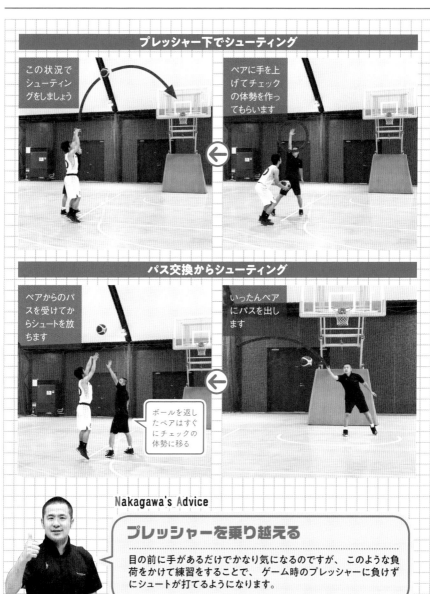

プレッシャー下でシューティング

ペアに手を上げてチェックの体勢を作ってもらいます

→ この状況でシューティングをしましょう

パス交換からシューティング

いったんペアにパスを出します

→ ペアからのパスを受けてからシュートを放ちます

ボールを返したペアはすぐにチェックの体勢に移る

Nakagawa's Advice

プレッシャーを乗り越える

目の前に手があるだけでかなり気になるのですが、 このような負荷をかけて練習をすることで、 ゲーム時のプレッシャーに負けずにシュートが打てるようになります。

BASKETBALL
自主練
51

ロングシュート

いろいろなドリブルからのシュート練習

動画はコチラ

3つの動作をスムーズに行う

ドリブルからのミドルやロングシュートの実戦的な練習方法を紹介します。

意識してもらいたいことは、ボールを扱うときの「突く」、「持つ」、「放つ」という3つの動作をスムーズに行うことです。この3つの動作を丁寧にやることでボールを扱うスキルが上がり、ゲームでも使えるスキルになっていきます。自分の感覚と向き合いながらトライしてください。

POINT

ボールをしっかりと収める

手の内側にしっかりとボールを収めることでスムーズに動けます

CHECK
ドリブルとシュートをつなぐ「持つ」動作を大切にする

いろいろなドリブルからシュート

フロントチェンジやビハインドなど、いろいろなドリブルからボールを収め、シュートを放ちます。スムーズに連動させましょう。

1 ドリブルをします

どのようなドリブルでもよい

突く

2 ボールを確実に手の内側に収めます

持つ

3 スムーズにシュートに移行します

3PではなくミドルエリアからでもOK

4 いろいろなドリブルからシュートを繰り返します

放つ

Nakagawa's Advice

感覚を大事にリズムよく行う

「しっくりくる」という自分の感覚はとても大事です。3つの動きがしっくりくる感覚を持てるように、リズムよく練習してみてください。

BASKETBALL
自主練
52

ロングシュート

体幹を安定させてシュートを放つコーディネーションドリル

動画はコチラ

シュート前にアクションを加える

ただシュートを放つのではなく、シュート前にワンアクションを入れるドリルです。シュートの確率は、放つ際のボディバランスによって大きく変わってきます。この部分を強化することがこのドリルの目的で、シュート前に高いバランスへの負荷をかけます。ボディバランスだけでなくハンドリングの強化にもつながるコーディネーションドリルです。

POINT
体幹が安定するとシュートの確率が上がる

体勢を崩しにくくなり、コントロールもよくなります

CHECK
ボディバランスと同時にハンドリングも鍛えられる

NG

体幹が安定しないとバランスを崩しやすい

安定した姿勢が作りにくいため、シュート確率が下がります

DRILL

シュート前に片脚でボール回し

まずは片脚で立ち、脚の下を通すようにボールを3周回します。このときに体幹を使ってバランスをキープし、安定した姿勢でシュートを放ちます。

1 ボールを持ち、どちらかの脚を上げます

2 ボールを3周回します

右回り、左回り、右手、左手で行う

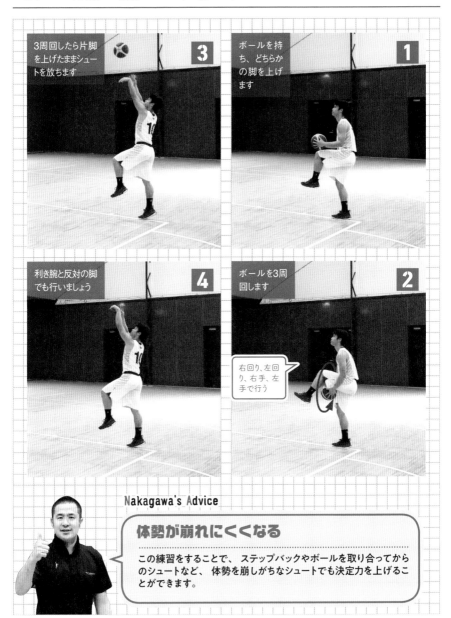

3 3周回したら片脚を上げたままシュートを放ちます

4 利き腕と反対の脚でも行いましょう

Nakagawa's Advice

体勢が崩れにくくなる

この練習をすることで、 ステップバックやボールを取り合ってからのシュートなど、 体勢を崩しがちなシュートでも決定力を上げることができます。

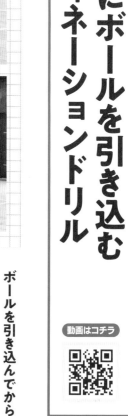

BASKETBALL
自主練
53

ロングシュート

放つ前にボールを引き込むコーディネーションドリル

右手でドリブルを引き込みます

右脚を上げながら右手を後ろに引き込みます

引き込んだ動きを戻しながらシュートを放ちます

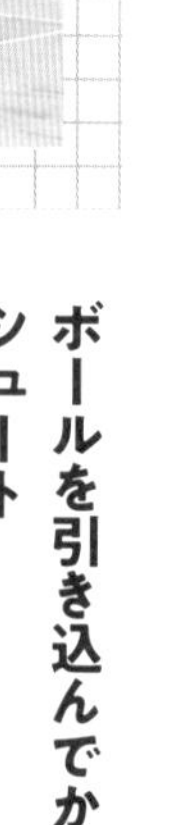

ボールを引き込んでからシュート

これは私がよくやっているドリルで、シュートを放つ前にボールをしっかりと引き込む動きを加えます。シュートだけでなくパスをするときにも役立ちます。ポイントは引き込むときに肩を柔らかく使うこと。この動きによって肩周りの可動域を広げることもでき、ボールをより繊細に、そしてコアを捉えて扱う感覚も養えます。おすすめのドリルの1つです。

動画はコチラ

BASKETBALL 自主練

54

ロングシュート

ボールハンドリングからのシュート

1 右手でドリブルをしてからレッグスルー

2 ホップしながら身体の後ろでボールを回します

3 自分のシュートポジションを作ってシュートを放ちます

シュート前にアクションを加える

ボールを確実にシュートポジションに持ってこられるようになります。動きとしては、右手でドリブルをしてからレッグスルーをし、ボールを左手に移します。そこから身体の後ろでボールを回して右手に移し、シュートを放ちます。左手から右手にボールを移す際に少しホップするような動きを使います。リズミカルに行いましょう。

動画はコチラ

スプリントダッシュジャンプシュート

動画はコチラ

POINT フットワークを行ってからシュート

ディフェンスをイメージしてフットワークを行います

スムーズにシュート体勢に移行して
シュートを放ちます

フットワークとシュートを合わせたドリル

ゲームでシュートに持ち込むためには、フットワークでディフェンスを振り切り、しっかりと自分のシュートポジションを取ってからシュートを放つことが必要です。

そのためにはフットワーク＋シュートという2つのプロセスを合わせて練習していくといいでしょう。ここでは私がプレイヤー時代にやっていた、おすすめのドリルを紹介します。

DRILL

活きたフットワークを行う

全力ダッシュからハーキーステップをし、パスを受けてシュートを放ちます。ゲームをイメージしながらフットワークを行います。

1

反対側のサイドラインに向かって全力でダッシュをします

2

エルボーゾーンでハーキーステップに切り替えます

3

ペアからパスを受けます

4
5本決めるまで行う

スムーズにシュートを放ちます

Nakagawa's Advice

全力で動きながら正確なシュートを放つ

シュートが決まらないと徐々に脚に疲れがたまってきますので、なるべく少ない回数で5回のシュートを決められるようにがんばります。疲労した試合終了間際でもシュートを決めきる力をつけましょう。

BASKETBALL
自主練
56

ロングシュート

悪いパスを受けて放つイリガリーシューティング

どんなボールでも決めきる

意図的に精度の低いパスを出してもらい、そこからシュートを決めきる力を養います。本来であれば正確に仲間にボールをつなげるためにチェストパスをしますが、このドリルでは高かったり、速かったり、方向がずれたりと、精度の低いパスを出してもらいます。そのようなパスでもキャッチしたら体勢を整え、シュートを決めていきます。

動画はコチラ

POINT

捕りにくいところにパス

ペアが捕りにくいパスを出します

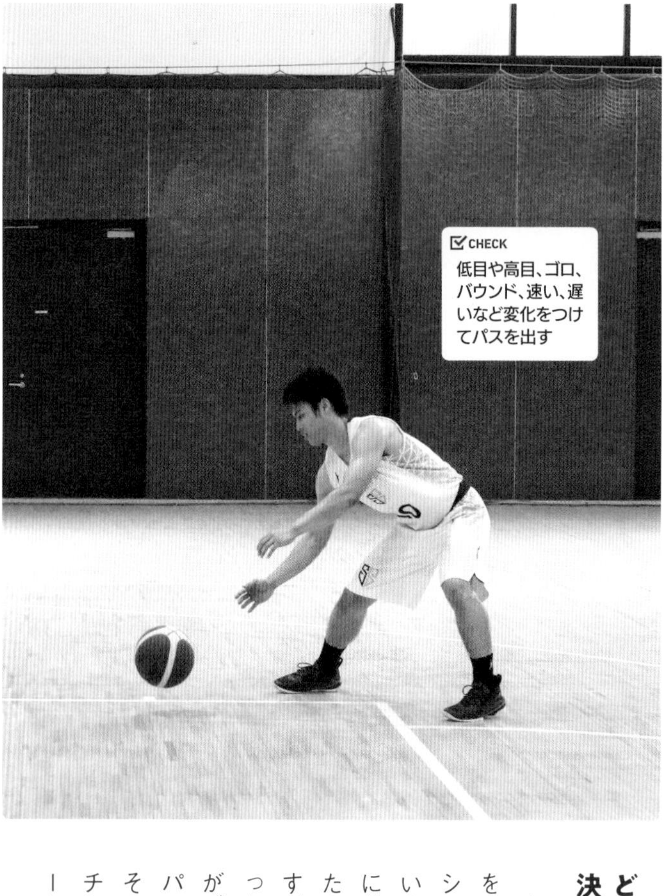

CHECK
低目や高目、ゴロ、バウンド、速い、遅いなど変化をつけてパスを出す

負荷を上げたバリエーション

フットワークを使う必要があるパスをキャッチしたら、身体の外にボールを突いてからシュートを放ちます。実戦のリアルに対応する活きたシュート決定力が身につきます。

ノーマルバージョン

精度の低いパスをキャッチします

体勢を整えてシュートを放ちます

フットワークバージョン

1 フットワークを使わないとキャッチできない場所へパスを出します

2 フットワークを使ってキャッチします

3 身体の外にボールを突きます

4 シュートを放ちます

BASKETBALL
自主練
57

ロングシュート

ペアで行う連続シュートドリル

待ち時間にイメージを描く

このドリルは、シュートを放ったほうがリバウンドを捕ってペアにパスを出します。シュートを待っているほうは少し待ち時間があるので、その間に好きなスポットに動いたり、「フェイクからのシュート」や「ロールターンからのシュート」などプレーのイメージをしっかりと固めておきます。シュートに大事な集中力を持ってやってみましょう。

POINT

放ったほうがリバウンドしてパス

イメージしたようにシュートを放ちます

シュートを放ったほうがリバウンドに行き、ペアにパスを出します

動画はコチラ

ペアでシュートまで展開を作り上げる

ドリルをしながらペアが得意な場所や動きを知っておくと、ゲームでも味方の得意なシュートを引き出せるようなプレーができます。

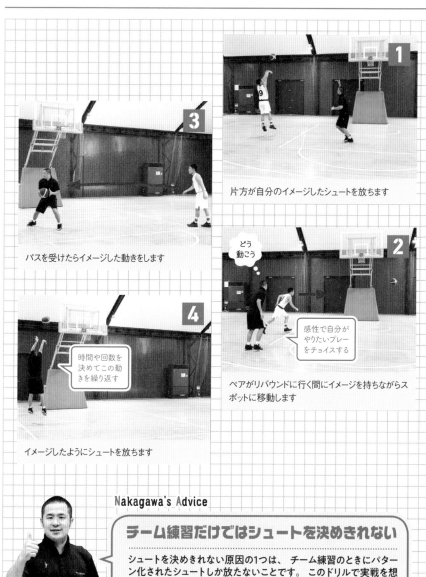

1

片方が自分のイメージしたシュートを放ちます

2

どう
動こう

感性で自分が
やりたいプレー
をチョイスする

ペアがリバウンドに行く間にイメージを持ちながらスポットに移動します

3

パスを受けたらイメージした動きをします

4

時間や回数を
決めてこの動
きを繰り返す

イメージしたようにシュートを放ちます

Nakagawa's Advice

チーム練習だけではシュートを決めきれない

シュートを決めきれない原因の1つは、 チーム練習のときにパターン化されたシュートしか放たないことです。 このドリルで実戦を想定した練習をしましょう。

COLUMN

何かを練習したら何かが下手になる？

「何かを練習したら何かがおざなりになる」「何かができるようになったら何かが抜け落ちていく」。バスケットボールとはそんなものです。

例えば、「オフェンスにフォーカスしすぎてディフェンスがゆるくなる」「走り込みばかりしていたらスキルがボロボロになる」「練習ばかりだと試合の体力がなくなり、試合ばかりやっていると弱くなる……」。

これらは往々にして起こるので、練習が偏らないよう工夫が必要です。頭と体を使いながらバランスよく、できればボールも使って同時にいろいろな要素を鍛えられたらいいですね。試合の体力は試合形式で作る。この考えもありだと思います。やっぱり試合のトランジションはちょっと別物です。

練習の割合は分解練習8：試合形式2ぐらいでいいかと思います。試合がしたい人は退屈に感じるかもしれませんが、僕はみっちり練習するほうが好きでした。

何より、まずは一つひとつの練習を高い意識を持ってきっちりこなすこと。これに尽きると思います。それから、いろんなことをバランスよく。足りないものは個人練習で補完する意識も大切です。

「3歩進んで2歩下がる」といったもどかしさはありますが、根気強くがんばっていきましょう！

PART
6

ディフェンス系・総仕上げ

10

BASKETBALL
自主練
58

DFF＆総仕上げ

イスを使ったディフェンスダイヤモンドドリル

動画はコチラ

イスをオフェンスに見立てる

フリースローラインにイスとボールを置き、そこに対してしっかりディフェンスの姿勢を作ります。そしてボールをオフェンスと見立てて、ボールに対してダイヤモンドの形でスライドステップしていきます。

1対1でやられる選手の多くはスイング動作が遅いため、相手に簡単に抜かれてしまいます。頭を上下させずに素早くスイングすることが大切です。

POINT ボールに対してダイヤモンドに動く

自分でダイヤモンドの大きさを決めて動く

CHECK
できるだけハンズアップして動く
2往復
2往復

スイングが遅いと抜かれやすい

スイングが遅かったり、頭が上下に動きやすいと抜かれてしまいます

DRILL

両サイド2往復ずつ行う

ダイヤモンドを2往復し、逆サイドも同じように行います。最後にボールを持ち、1ドリブル、ジャンプシュートで終えます。

1 ボールに対してダイヤモンドに動きます

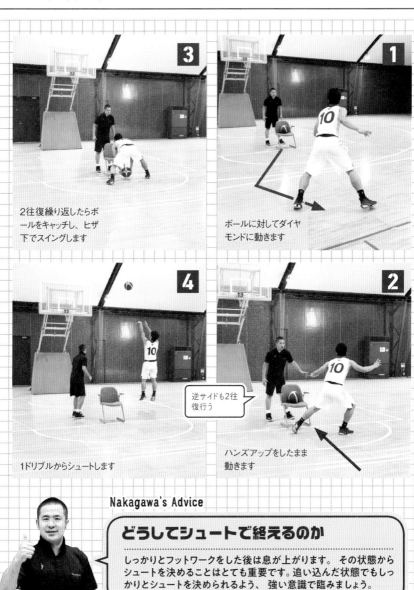

2 ハンズアップをしたまま動きます

逆サイドも2往復行う

3 2往復繰り返したらボールをキャッチし、ヒザ下でスイングします

4 1ドリブルからシュートします

Nakagawa's Advice

どうしてシュートで終えるのか

しっかりとフットワークをした後は息が上がります。 その状態からシュートを決めることはとても重要です。追い込んだ状態でもしっかりとシュートを決められるよう、 強い意識で臨みましょう。

BASKETBALL
自主練
59

DFF&総仕上げ

クロスステップを取り入れたダイヤモンドドリル

1
動き出しはクロスステップを使います

2
逆サイドも行う
ハンズアップしてボールに近づきます

3
2往復し、最後はシュートでフィニッシュします

クロスステップを組み込む

ドリル58の応用編です。実戦では、スライドステップだけで相手をマークすることは非常に難しいです。そこで近年のディフェンスで推奨されているクロスステップを交えます。まずはクロスステップでかけっこをするようにディフェンスにつき、最後にサイドステップで相手のコースに立ちふさがります。実戦を意識しながらやってみましょう。

動画はコチラ

オフハンドを上げての
ドリブルシャトルラン

1

シャトルランのスピードで行う

ハンズアップをしながらドリブルをします

2

切り返したら突く手を変える

3

このやり方でシャトルランを走ります

脚でしっかりと地面を踏み蹴る

ドリブルを突きながらシャトルランをします。ポイントはドリブルを突いていないほうの手をハンズアップすることです。手の動きを制限するため、脚でしっかりと地面を踏み蹴る必要があります。フリースロー・ハーフライン・ベースラインなどで切り返しを入れながら行います。切り返したら逆の手でドリブルをしましょう。

動画はコチラ

BASKETBALL
自主練
61

DFF＆総仕上げ

フロントジャンプ1往復

1 ベースラインに立ちます

2 フロントジャンプで進みます

3 ベースライン間を12歩以内でジャンプします

12歩を目標にベースライン間をジャンプ

とてもシンプルなドリルです。ベースラインから反対側のベースラインまでの1往復を、前に飛ぶジャンプ（フロントジャンプ）で進みます。練習の最後に余力を残さずにやることで、ダメ押しの脚力強化ができます。

ベースライン間は12歩以内を目安にしますが、カテゴリーに応じて調整してください。最後に気持ちを作って乗り越えましょう。

動画はコチラ

両脚ジャンプ1往復

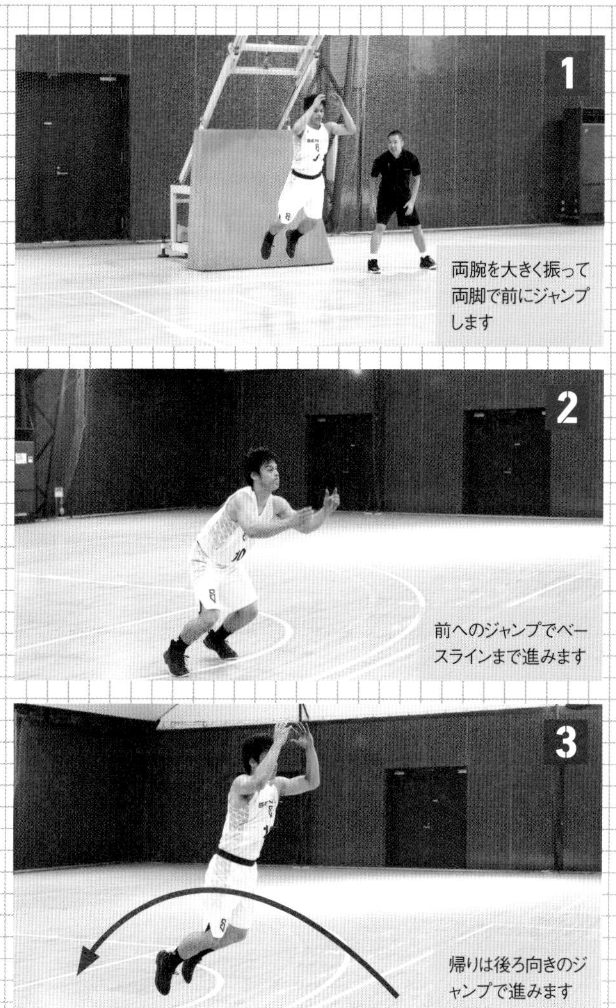
1
2
3

両腕を大きく振って両脚で前にジャンプします

前へのジャンプでベースラインまで進みます

帰りは後ろ向きのジャンプで進みます

行きはフロントジャンプ、帰りはバックジャンプ

今度は両脚ジャンプでベースライン間を1往復します。すぐに想像がつくと思いますが、なかなかしんどいドリルです。

両腕を振ってしっかりと勢いをつけ、蛙飛びのようにジャンプし、きれいに両脚同時に着地します。このジャンプで反対側のベースラインまで進んだら、帰りはバックジャンプで戻ってきます。

動画はコチラ

BASKETBALL
自主練
63

DFF＆総仕上げ

スローモーション連続四股（しこ）踏み

動画はコチラ

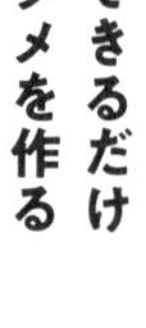

1 適度なスタンスを取り、片脚を高く上げてタメを作ります

2 脚をゆっくりと下して骨盤で衝撃を吸収します

3 反対側の脚を高く上げてタメを作ります

この動きを15~25回繰り返す

できるだけタメを作る

相撲の四股をなるべくゆっくりと連続して行います。ポイントはしっかりと脚を上げてなるべく長い時間タメを作ってから下ろすことです。そうすることで片脚の脚力、上体キープで効いてきます。これを15~25回ほど繰り返します。

また脚を下したときは着地の衝撃を骨盤で吸収し、パワーポジションくらいのスタンスを取ります。

ペアで脚力強化ドリル

1 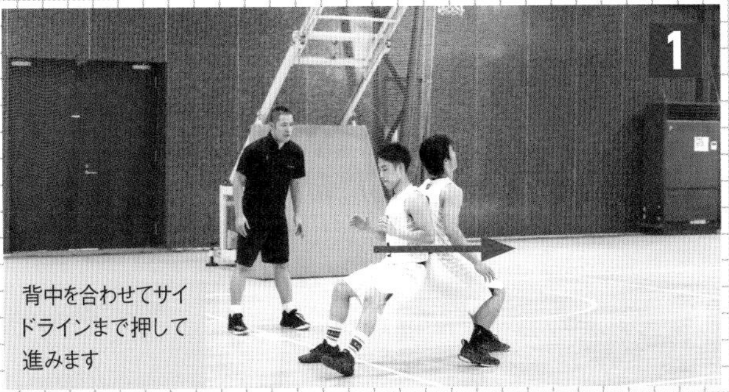
背中を合わせてサイドラインまで押して進みます

2 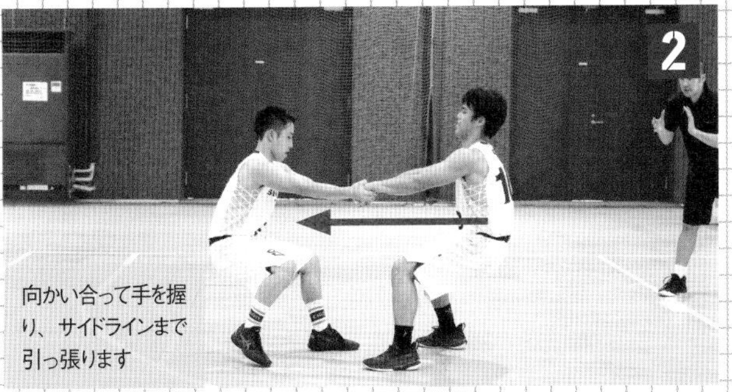
向かい合って手を握り、サイドラインまで引っ張ります

3 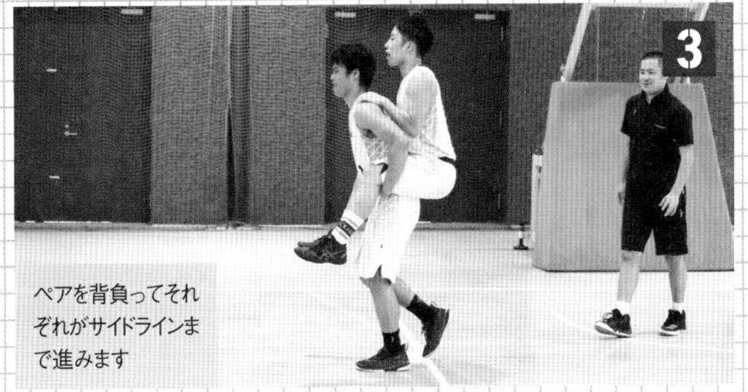
ペアを背負ってそれぞれがサイドラインまで進みます

ペアを重りにして往復

ペアの1人が重りになり、サイドライン間を往復します。まずは背中を合わせて片方がペアの背中を押しながら反対側のサイドラインまで進み、サイドラインに着いたら役割を交代します。

次は向かい合って手をつなぎ、手を引っ張るようにしてサイドラインまで進みます。そして最後はペアを背負います。1往復ずつトライしてみましょう。

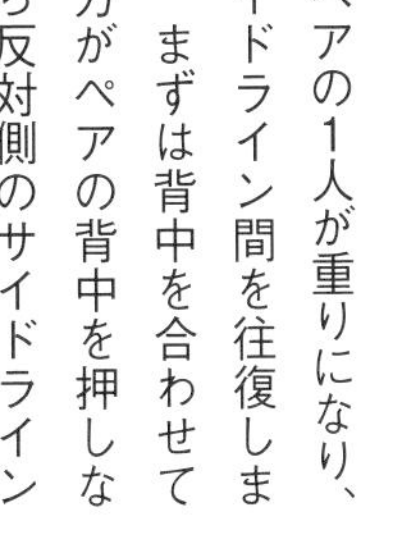

動画はコチラ

BASKETBALL
自主練
65

DFF＆総仕上げ

脚力を強化する神様ドリル①

動画はコチラ

1
パワーポジションを取って両手を合わせます

神様にお願いをするようなポーズがドリル名の由来

2
ゆっくりと平泳ぎをするように手を動かします

この動きを2回繰り返す

下半身を緊張させた状態で大きく腕を動かす

3
3回目は手を合わせたまましゃがんで戻ります

ここまでが1セットで15セット繰り返す

パワーポジションをキープして手を動かす

まずは腰を低くしたスタンスを保ち、パワーポジションを作ります。この状態から手を合わせた状態をキープし、下半身を緊張させたままゆっくりと平泳ぎのように漕いでから再び手を合わせます。

この動きを2回繰り返したら、手を合わせたままゆっくりとしゃがみ、元のパワーポジションに戻ります。ここまでが1セットでこれを15セット行います。

脚力を強化する神様ドリル②

動画はコチラ

1 手を合わせ、頭を上下させずに前に進みます

2 センターラインまで進んだら後ろ向きに進みます

3 元の場所に戻ったら腰を低くして10秒キープします

手を合わせたまま前後＆10秒キープ

ドリル65でかなり効くのですが、そこからさらに追い込みをかけます。身体の前で両手を合わせた姿勢をキープしたまま、半歩ずつ10歩前に進みます。このときに頭を上下させないようにします。10歩進んだら、今度は10歩下がって元の場所に戻ります。そして最後に手を合わせたまま腰を低くして10秒間、その姿勢をキープしましょう。

おわりに

バスケットボールは、とても正直なスポーツです。練習でやったことがそのまま試合で出ます。

練習は本番通り

本番は練習通り

経験上、これが一番理想的といえます。

練習は嘘をつきません。

コツコツと努力をしていれば、必ず力がついてきます。

ぜひ「自分はここまでやりきったぞ!」と自信が持てるまで、本書のドリルをやり込んでください。

一度きりのバスケットボール人生です。ときに上手くいかないことがあったり、挫けそうになったり、諦めそうになったりすることもあるでしょう。

ですが、「失敗」がのちの「成長」につながったことは私自身たくさんあります。そういった意味では、“よかった失敗”です。

よかった失敗。

価値ある挫折。

有り難い苦労。

考え方次第ですべてがプラスになります。

ぜひ前を向いて全力でチャレンジしていってください。私は頑張るあなたを応援しています!

本書があなたのバスケットスキル向上の一助となることを願っています。

中川直之

》著者紹介

中川 直之（なかがわ・なおゆき）

考えるバスケットの会会長
考えるバスケット教室（Nao塾）代表

1982年生まれ、山口県下関市出身。小学校4年時よりバスケットボールを始める。山口県立豊浦高校卒業後、専修大学に進学。大学時代は主要4大タイトルを制覇する（新人戦、春季トーナメント、秋季リーグ戦、全日本大学選手権）。実業団時代を含め10度の日本一を達成するなかで培った「バスケットスキル」に「メンタルコーチング」を融合させた独自の指導スタイルを確立。超実戦的ノウハウを紹介する会員制オンラインコミュニティ「考えるバスケットの会」を立ち上げ、全国各地でのクリニックやYouTube配信を行っている。得意なプレーはゲームメイク（ポジション：PG）。司令塔ならではのきめ細かな指導に定評があり、日本全国に10万人の支持者を抱える。プロとして活躍した中川和之は双子の弟である。著書に『すぐに試合で使える! 点が取れる! 魔法のバスケレッスン』（宝島社）がある。

●カバーデザイン　三國創市（株式会社多聞堂）
●本文デザイン＋DTP　三國創市（株式会社多聞堂）
●編集　佐藤紀隆（株式会社Ski-est）
　　　　稲見紫織（株式会社Ski-est）
●写真　眞嶋和隆

考えるバスケットボール!　超自主練66

2020年10月31日　初版第1刷発行
2024年 6月 6日　　　第3刷発行

著　者　中川直之©
発行人　畑中敦子
発行所　株式会社エクシア出版
　　　　〒101-0054　東京都千代田区神田錦町2-1-5-204
印刷・製本　サンケイ総合印刷株式会社

乱丁・落丁本はお取替え致します。小社宛にご連絡ください。
ISBN 978-4-908804-57-1　Printed in JAPAN
エクシア出版ホームページ　https://exia-pub.co.jp/
　　　　Eメールアドレス　info@exia-pub.co.jp